本书由 2019 年度教育部高校示范马克思主义学院和优秀教学科研团队建设项目资助出版(项目批准号:19JDSZK102)

尊法学法守法用法
四十五讲

朱 佳 ◎ 著

上海财经大学出版社

图书在版编目(CIP)数据

尊法学法守法用法四十五讲/朱佳著. —上海:上海财经大学出版社,2020.8
ISBN 978-7-5642-3594-9/F·3594

Ⅰ.①尊… Ⅱ.①朱… Ⅲ.①法律-基本知识-中国 Ⅳ.①D920.4

中国版本图书馆 CIP 数据核字(2020)第 124778 号

□ 责任编辑　李志浩
□ 封面设计　张克瑶

尊法学法守法用法四十五讲
朱　佳　著

上海财经大学出版社出版发行
(上海市中山北一路 369 号　邮编 200083)
网　　址:http://www.sufep.com
电子邮箱:webmaster@sufep.com
全国新华书店经销
江苏凤凰数码印务有限公司印刷装订
2020 年 8 月第 1 版　2020 年 8 月第 1 次印刷

710mm×1000mm　1/16　14.5 印张(插页:2)　200 千字
定价:48.00 元

前 言

《尊法学法守法用法四十五讲》是教育部示范优秀教学科研团队建设项目一般选题（高职高专院校全面依法治国教学研究——以《思想道德修养与法律基础》课为例）的阶段性成果。党的十八届四中全会提出"全面依法治国"治国方略。习近平总书记多次强调，法治也并不体现于普通民众对法律条文有多么深透的了解，而在于努力把法治精神、法治意识、法治观念熔铸到人们的头脑之中，体现于人们的日常行为之中。培养大学生的法治精神、法治意识，树立正确的法治观念是法治教育的目标。作为高职院校，应紧扣"全面依法治国"治国方略，坚持传授法律知识与传播法治理念的有机结合，了解法治建设的内在机理，全面增强法治意识，培养社会主义法治精神，引导高职高专学生树立正确的法治观，提升学生法治素养。

当前，高职高专《思想道德修养与法律基础》课程中，以法治教育为主题的专题式教学为数不多，《尊法学法守法用法四十五讲》结合多年的教学积累，在撰写过程中以《思想道德修养与法律基础》课第六章"学法尊法守法用法"的体例编排为基本框架，以党的十八届四中全会以来党中央制定的全面依法治国文件为指导，以近年来司法实践中的案例作为素材，全面、系统梳理学法尊法守法用法教学内容，主要涵盖以下几方面内容。

1."全面依法治国"基本内容，包括全面依法治国必要性、指导思想、总体目标和根本保证，建设社会主义法治国家，实现法治国家、法治政府、法治社会的统一；

2.社会主义法的本质，包括法的历史演进、社会主义法的内涵与特征、与资本主义法治区别、社会主义法治运行规律、全面依法治国基本格局等方面；

3. 中国特色社会主义法治道路理论，包括走中国特色社会主义法治道路的必然性和必要性，中国特色社会主义法治道路中坚持党的领导、坚持人民主体、坚持法律面前人人平等、坚持依法治国和以德治国相统一、坚持从中国实际出发等法律道路基本内涵；

4. 中国特色社会主义法律体系，包括中国特色社会主义法律体系形成背景，强调树立宪法权威、各实体部门法之间划分依据及区别、各程序部门法间的划分依据及区别；

5. 中国特色社会主义法治体系，包括中国特色社会主义法治体系形成的背景、法律规范体系、法治实施体系、法治监督体系、法治保障体系、党内法规体系等方面，以及对国家治理体系和治理能力现代化的重大影响；

6. 培养法治思维，包括法治思维的内涵、法治思维的基本要素以及法治信仰；

7. 权利义务观，包括正确认识社会主义权利义务内涵、基本权利与义务原则、内容、运行机制、法律责任。

本书可以作为高职高专学生的课外参考书；也可以作为基础法律知识的入门读本。当然，在本书的编写过程中，由于作者的水平有限，时间仓促，书中错误漏洞在所难免，恳请专家及同行批评指正。

朱 佳

2020 年 6 月 22 日

目 录

前言		1
第一讲	为什么要学习法律	1
第二讲	法	4
第三讲	法的本质	6
第四讲	法的起源	10
第五讲	法的历史演进	12
第六讲	我国社会主义法律的本质特征	19
第七讲	法律制定	25
第八讲	法律执行	29
第九讲	法律适用	36
第十讲	法律遵守	41
第十一讲	中国特色社会主义法律体系的提出和形成	44
第十二讲	宪法是国家根本大法	49
第十三讲	我国宪法的基本原则	54
第十四讲	我国宪法确立的制度	60
第十五讲	我国实体法律部门和程序法律部门	64
第十六讲	建设中国特色社会主义法治体系概述	71
第十七讲	完备的法律规范体系	75
第十八讲	高效的法治实施体系	81
第十九讲	严密的法治监督体系	87

第二十讲	有力的法治保障体系	93
第二十一讲	完善的党内法规体系	96
第二十二讲	全面依法治国基本格局	101
第二十三讲	为什么要坚持走中国特色社会主义法治道路	110
第二十四讲	坚持中国共产党的领导	115
第二十五讲	坚持人民主体地位	122
第二十六讲	坚持法律面前人人平等	126
第二十七讲	坚持依法治国和以德治国相结合	131
第二十八讲	坚持从中国实际出发	139
第二十九讲	法治思维的概念	145
第三十讲	法治思维之法律至上	148
第三十一讲	法治思维之权力制约	152
第三十二讲	法治思维之公平正义	156
第三十三讲	法治思维之权利保障	160
第三十四讲	法治思维之正当程序	165
第三十五讲	尊重和维护法律权威	169
第三十六讲	培养法治思维的途径	174
第三十七讲	法律权利概述	179
第三十八讲	政治权利	183
第三十九讲	人身权利	188
第四十讲	财产权利	195
第四十一讲	社会经济权利	198
第四十二讲	宗教信仰及文化权利	201
第四十三讲	法律义务的概念	205
第四十四讲	公民应履行的基本法律义务	208
第四十五讲	法律责任	214
参考文献		220

第一讲
为什么要学习法律

法治是现代文明的基石。法治兴则国家兴,法治衰则国家乱。建设法治中国,离不开每个公民的参与和推动。在全面依法治国、建设法治中国的进程中,大学生肩负着重要的责任。

一、知法、守法,避免违法、犯罪行为

2014年7月14日,河南有两位大学生去河边洗澡,发现树上有一只鸟窝。于是,两人爬上树去掏鸟窝,把里面12只鸟抓回了家。饲养过程中,小鸟飞跑一只,死亡一只,剩余的小鸟则被两人以几百元不等的价格放在网上售卖。7月27日,当两人再次掏鸟窝抓鸟时,被公安机关抓捕并予以刑事拘留。2015年5月,两人以非法收购、猎捕珍贵、濒危野生动物罪分别被判处十年、十年半有期徒刑,并处以罚金。据悉,两人是因为抓了国家二级保护动物燕隼。

关于对这两位同学的量刑,存在两种观点。其一,罪责刑相适应,大学生应该受到法律的严厉制裁;其二,让一个大学生去判断燕隼是不是国家二级保护动物,太苛求了。之所以两位同学受到了严厉的法律制裁,是因为他们在放任自己行为的发生,他们忽视了"知法"的重要性,忽视了"求知"的重要性。《刑法》是公开的,根据《刑法》第三百四十一条规定,"非法猎捕、杀害国家重点保护的珍贵、濒危野生动物的,或者非法收购、运输、出售国家重点

保护的珍贵、濒危野生动物及其制品的,处五年以下有期徒刑或者拘役,并处罚金;情节严重的,处五年以上十年以下有期徒刑,并处罚金;情节特别严重的,处十年以上有期徒刑,并处罚金或者没收财产"。两位同学为什么不百度一下《刑法》,百度一下这只与众不同的鸟的身份?互联网时代,信息不仅来源于课堂,更来源于网络,不知道、无常识不是免于刑罚的理由。

这则案例启示我们知法的重要性,只有知法,才能避免违法、犯罪行为。

二、学会理性思考

请一位同学将10寸的一个蛋糕分成20份发给同学。我们接过蛋糕的第一反应是什么?吃蛋糕?还是其他?

如果是我,我会比较下蛋糕。跟谁比?跟周围的同学比,尤其是跟分蛋糕的同学比,一旦发现自己的蛋糕小了,哪怕是一丁点儿,也会觉得不公平。那怎么办?我想即便是换其他同学来切蛋糕,结果都差不多。但如果改变分配规则:一位同学切蛋糕,其他同学拿蛋糕,剩下的最后一块蛋糕留给那位切蛋糕的同学。这时,你仍然会比较蛋糕大小,但即便拿到一块小蛋糕,你不会觉得不公平,而会认为自己手气太差;而那位切蛋糕的同学为了不让自己最后拿到的那块蛋糕最小,他会在切蛋糕时,努力把蛋糕切均匀。

这种规则的改变,就是法律中经常提到的程序问题。法律首先强调程序公正,只有程序公正了,实体才能公正。处理日常事务,也应具备"程序公正"的法治思维。这个游戏启示我们,学习法律会让我们更加理性思考、变得更聪明。

三、生活变得更美好

想象一下,十字路口的红绿灯罢工后会有什么现象发生?所有的人都想先行通过,谁抢在前头,谁就先通过,最终导致交通瘫痪。这时,我们希望交警能指挥交通。这就是用指挥交通来替代信号灯。那么,信号灯是什么?信号灯就是一种规则,而规则又是什么呢?法律就属于规则。

这个故事启示我们：法律像空气和水一样，一直在我们身边，保护着公民的人身、财产安全；维持着社会秩序，让我们的生活变得更加美好。这是法律的终极目标。因此，法律非常重要，现代社会离开法律寸步难行。

第二讲
灋

用拼音搜索"fǎ",会出现一个字——"灋",它是"法"的古体字。"法"这个字,直到西周才出现,战国简牍文字中"灋省作法",至秦汉一直保留这种写法。东汉许慎《说文》中解:"灋,刑也。平之如水,从水,廌(zhì)去所以触不直者去之,从廌去。"

一、"廌(zhì)"的含义

在法院门口会有两座石"狮子"的雕像,他是狮子吗?还是羊?牛?鹿?这座雕像其实叫"廌",又叫解廌(xiè zhì)、獬豸(xiè zhì)。考古发现,獬豸在秦朝之前是一只角的羊的造型;在东汉之后则出现了像牛形状的造型。传说,春秋战国时期,楚文王曾获得一只獬豸,他命人参照这个獬豸的形状制成头冠,叫作獬豸冠,在当时楚国非常流行。

那么,獬豸有什么特异功能?据《论衡·是应》记载,皋陶治狱时,以神兽獬豸帮助识别有罪疑者,"有罪则触,无罪则不触"。相传中国最早的法官叫皋陶,他生活在帝舜时代,皋陶用獬豸来帮助审判,判断原被告谁在作伪证。

二、"去"的含义

法官审理案件时,把廌牵到法庭上,听原告、被告各自的陈述,等双方陈述完毕,如果是奸诈小人,它会毫不留情地把他抵死;如果是贪官污吏,它会冲上去,用角抵倒,然后囫囵吞下,而这个过程就是"去",即"所触之不直,从去",用触角去抵触说错误的一方。用神兽裁判,在当时具有一定的合理性。古代由于科学技术不发达,有很多现象人类无法解释,往往会借助于宗教力量,而獬豸则是作为法的图腾存在,可以起到威震作用。实际上,人类早期,世界各国都有类似的神判方式,如水审、火审,都是依助于神灵来审理案件。当代,尽管神判是不存在了,但与獬豸有关的法文化仍旧保留,如法院门口的两个獬豸雕塑;用独角兽特指法院等。

三、"氵"的含义

"氵",从水,水面是平静、透亮的。这里有两层含义,其一,通过神兽审判,希望达到最终公平、公正、透明的结果,水就代表了公平、公正;其二,水在风和日丽时是平静的、透彻的,但扔下一块小石头,就会一石激起千层浪。可以这么说,法律规则中更多的是保护性规则,维持社会秩序;只有触犯法律时,法律才会启动惩罚规则,强制制裁违法者。

有趣的是,世界各国的"法"字虽然字形不同,但是字意里都蕴含了公平、公正的意义。如英文中的"law"含有规律、公平、公正的意义;拉丁文"lex""Jus"就代表公平、公正;法文中的"droit""Loi"、德文中的"Recht""gesetz"也都传达了公平、公正的含义。

第三讲
法的本质

法的本质是什么？有规则说、强权者意志说、神意说。这些说法有其合理性，但无法全面表述法的实质和内核。

【案例】

两只羊的悲惨命运

某村有一个公共果园，常有村民饲养的牲畜进入果园吃树叶和果实。村委会为此召开村民大会，提出今后若再有此类事情发生，村委会有权任意处置这些牲畜。村民大会当场举手表决，以三分之二多数通过了这一规定。有一天，村民甲的两只羊"以身试法"，进入果园吃树叶和果实，被守护的人打死。甲说表决时自己没有举手，于是将村委会告上了法庭，要求赔偿损失。甲的诉讼请求会获得支持吗？

如果村委会通过决议无效，甲的诉讼请求会获得支持；如果村委会的决议有效，则甲的诉讼请求会被驳回。关于村委会决议的效力问题，具体包含三种情形：第一，决议就是法律，有效；第二，决议虽不是法律，但与法律不相抵触，具有准法律效力，有效；第三，决议不是法律，与法律相抵触，无效。因此，"什么是法律"是本案的核心。

一、法律是由国家制定或者认可

(一)立法主体

关于立法主体,后面会详细讲述。简言之,立法主体可以分为中央和地方二个层级。其中,中央立法主体又包含了最高立法机关和中央行政机关;地方立法主体同样包含了地方立法机关和地方行政机关。不论是中央还是地方,立法机关指全国人民代表大会及其常务委员会、地方各级人民代表大会;就行政立法主体而言,根据《立法法》规定,享有立法权的最低层级的行政主体是县政府。显然,村委会没有立法权。

其次,没有立法权是否必然意味着决议无效?当然不是。还要判断决议是否与法律相抵触。村民家的羊属于村民合法的私有财产。根据《立法法》第七条的规定,全国人民代表大会制定和修改刑事、民事、国家机构的和其他的基本法律。根据《立法法》第八条的规定,下列事项只能制定法律:……(八)民事基本制度。公民私有财产是属于民事基本制度,因此,只有全国人民代表大会及其常务委员会才有权制定民事基本制度,其他任何机关都无权就公民财产权益处分做相应的规定。根据全国人民代表大会制定的《物权法》第六十六条规定,私人的合法财产受法律保护,禁止任何单位和个人侵占、哄抢、破坏。所以,村委会无权私自处分村民家的羊。村委会允许村民打死羊是于法无据的,村民甲的诉讼请求会得到法院支持。

(二)法律创制的方式

法律创制有两种方式:一种是制定、一种是认可。所谓法律的制定,是指国家机关在法律制定的职权范围内依照法律程序,制定、补充、修改、废止规范性法律文件的过程。我国《立法法》对立法的层级、程序、法律效力等问题均有详细规定。比如,2015年12月27日《中华人民共和国反家庭暴力法》,就属于法律制定;2018年宪法修正案中将"全国人民代表大会常务委员会的组成人员不得担任国家行政机关、审判机关和检察机关的职务"修改为"全国人民代表大会常务委员会的组成人员不得担任国家行政机关、监察机关、审判机关和检察机关的职务",就是法律的修改;2014年《消费者权益保护法》中增加了七天无理由退货的规定,就是法律的补充。

所谓法律认可,是指国家赋予某些既存社会规范或者判例上升为法律效力。比如典权制度。《物权法》中没有单独的典权制度,但这并不意味着它不受法律保护,司法实践中承认典权制度。"典"针对不动产,"当"针对动产;"典"是担保物权,"当"是用益物权。

二、法律的内容是统治阶级意志的体现,受物质生活条件制约

立法主体制定或认可的法律不是任意的,其内容是统治阶级意志的体现,受物质生活条件制约。法律是统治阶级意志的体现。统治阶级的意志是个别强权者的意志?还是统治阶级意志的简单相加?抑或是统治阶级整体意志的体现呢?以中国为例,我国是人民民主专政的社会主义国家,中华人民共和国的一切权力属于人民。全国人民代表大会和地方各级人民代表大会是人民行使国家权力的机关。在我们国家人民是国家的主人。人民如何行使立法权?在法律表决之前,法律草案的征求意见稿会面向公众开放,然后提交全国人民代表大会讨论,最终以表决的方式通过。不难发现,法律不是代表具体的个人的意志,而是整体意志的体现,这个整体意志是通过表决来实现的。需要指出的是,法律所体现的统治阶级意志,并不是统治阶级意志的全部,仅仅是上升为国家意志的那部分意志。因为,调整社会行为规范的,除了法律之外,还体现在国家政策、统治阶级的道德、最高统治者的言论等形式中。

统治阶级意志受到物质生活条件的制约,即法律由一定的、与人类生存相关的物质资料生产方式、地理环境和人口等因素决定,而物质资料的生产方式则是决定法律本质、内容和发展方向的根本因素。比如,我国2007年制定了《中华人民共和国反垄断法》,但美国国会于1890年就制定出台了第一部《反托拉斯法》,之所以会相差一百多年,这与我国经济体制有密切的关系。新中国成立后很长一段时间中国实行的是计划经济体制,国家统购统

销,不存在垄断的问题;1993年市场经济写入《宪法》,二十多年来,在对市场经济体制的不断探索和完善中,为避免市场的自发性导致的市场失灵,形成了反垄断制度。所以,法律制度本身必然是与该国的物质资料生产方式相适应的。

法律案实施后,统治阶级是不是可以免受法律的调整?答案是否定的。同样以我国为例,《宪法》规定:"一切国家机关和武装力量、各政党和各社会团体、各企业事业组织都必须遵守宪法和法律。一切违反宪法和法律的行为,必须予以追究。任何组织或者个人都不得有超越宪法和法律的特权。"法律一旦生效实施,无论是统治阶级还是被统治阶级,都必须服从和遵守法律。

三、法律具有国家强制性

法律是不是具有强制力,是其同道德、宗教、风俗习惯等规范的重要区别。后者主要是通过人的内心的自觉性遵守;而法律则是通过国家强制力调整,法律的基本表现形式是"行为模式+法律后果",这个法律后果就是国家强制力,即国家对违法行为的否定和制裁。一般表现为审判、监察、检察、公安等司法机关以及其他行政机关等部门对违法、犯罪行为做出否定评价,并行使相应的国家审判权、监察权、检察监督权、侦察权、行政执法权等。当然,国家强制性也会表现出对合法行为的肯定和保护,如表彰见义勇为行为、肯定正当防卫行为等。

最后,总结一下法的本质:法是由国家创制并以国家强制力保证实施的,反映由特定社会物质生活条件所决定的统治阶级意志的规范体系。

第四讲
法的起源

恩格斯在《家庭、私有制和国家的起源》中说：法不是从来就有的，法是随着私有制、阶级和国家的产生而产生的，是阶级社会的特殊社会现象。法的产生和发展经历了漫长的过程。

一、法的起源概述

原始社会生产力水平极低，没有国家概念，以血缘为单位组成的氏族群居在一起，平均分配；氏族成员之间自发形成的原始习惯成为调整他们相互行为的规则，这种行为规则不是法，没有强制力。

随着生产工具的改进和生产技能、经验的提高，促进了生产力的不断提高，氏族里部分成员单位劳动时间劳动产量逐渐增多，产生了剩余价值；成员间不再平均分配，一些人会把多余的产品归为己有，这就产生了私有。私有的产生会使一部分人积累了越来越多的社会财富，而另一部分人却需负债生活，当资不抵债时，他们只能以劳动力抵债，这就出现了债务奴隶；原始社会晚期的部落间经常会发生战争，战败方被俘虏后，成为战俘奴隶。有了私有，有了奴隶，人类开始由无阶级社会向阶级社会迈进。

为保护自己的私有财产，制定买卖规则、债权债务规则、交换规则等，出现了私法；为避免社会各集团在毫无限制的冲突和争夺中同归于尽，根据本阶级的利益和意志，制定和认可一些特殊的、并依靠国家强制力保证实施的行为规则来维持社会秩序,限制、消灭不利于奴隶制经济发展的经济,确认本阶级的权力,产生了公法。

尽管在人类历史早期,公法和私法的具体发展路径是不同的,比如西方更注重私法体系的发展;东方、亚洲国家则公法体系更发达。但人类在法律起源的过程中,有着共同的规律。

二、法律起源的一般规律

第一,从个别调整到规范性调整的发展。早期的法律不是规范性法律文件,而是针对个案进行调整。在不断的实践过程中,随着人们抽象思维的不断提升,通过个案积累,逐渐形成了系统的制度、标准、方式、原则。第二,法律的起源是由氏族习惯到习惯法,再由习惯法到制定法的发展过程。氏族部落的风俗习惯是部落成员在长期共同生活中逐渐形成的,靠成员自觉执行,平等地调节社会关系,维持氏族社会发展;早期的法律仅仅是对原来习惯的整理和认可,如古罗马第一部成文法《十二铜表法》,最初是古罗马的一些习惯的汇编,因为刻在十二根铜柱上而闻名。随着语言文字的发展,逐渐形成了成文法。第三,法的起源是由与道德规范、宗教规范混为一体到相对独立的过程。比如,中国原始社会的"礼",《说文解字·示部》所释"礼,履也,所以事神致福也"。它既是一种道德规范,又是一种宗教规范。礼本来是盛放祭祀供品的器具,古人用礼器举行祭祀活动,逐渐形成了一套祭神敬祖祈福的典礼仪式。春秋时,礼越来越多地运用到日常生活中的各个方面,有了"刑不上大夫、礼不下庶人"之说,再到后来礼崩乐坏,礼则逐渐覆盖到全社会。《唐律疏议·名例律》:"德礼为政教之本,刑罚为政教之用,犹昏晓阳秋相须而成者",礼成为具有法律性质的行为规范。

第五讲
法的历史演进

法是随着私有制、阶级和国家的产生而产生的,法律作为上层建筑,其基本内容和性质总是与所在社会的生产关系相适应,除原始社会没有法律外,法律发展史上也相应地先后产生过奴隶制法律、封建制法律、资本主义法律和社会主义法律。

一、奴隶制法律

奴隶制法是奴隶主阶级专政的国家意志的表现,是奴隶主阶级对广大奴隶实行统治的工具,其公开反映奴隶主阶级的利益。

(一)有明显的原始习惯残留痕迹

在阶级社会,由于血缘关系还起一定作用,血亲复仇以某种形式保留下来。例如,在中国周朝规定"父母之仇弗与共天,昆弟之仇弗与共国",古巴比伦的《汉穆拉比法典》、古罗马的《十二铜表法》均含有血亲复仇的习俗。

(二)否认奴隶的法律人格

在奴隶制社会中,奴隶是权利客体,奴隶主可以随意处分奴隶。如西周民间买卖奴隶、牛马被称为"质",奴隶跟牛马是同等的地位。在古希腊,有关奴隶买卖、转让、出租,奴隶身份、地位等问题成为其私法的基本内容,而对于奴隶反抗行为的制裁是刑法的主要内容。

(三)刑罚方式极其残酷

东汉许慎在《说文解字》中说:"灋,刑也",法最初的含义就是刑。刑起于兵,大刑用甲兵,其次用斧钺,中刑用刀锯,其次用钻笮,薄刑用鞭扑。"大刑用甲兵"就是通过战争强夺土地,迫使战俘从事耕作,后来逐步演变为对待内部成员也用大刑,就是死刑。除死刑外,还有很多残酷的刑罚。比如,奴隶制的五刑:墨刑(在脸上刻字)、劓刑(割鼻子)、剕刑(刖刑)(挖膝盖骨)、宫刑(割生殖器)和大辟(死刑)。

(四)存在严格的等级划分

在奴隶制法中,有严格的等级划分。比如古印度的《摩奴法典》中确立了种姓制度。其中最高种姓是婆罗门,即祭祀种姓,掌握宗教祭祀大权;第二种姓为刹帝利,即武士种姓,掌握军政大权;第三种姓为吠舍,从事商业或农业生产,属于平民种姓;第四种姓是首陀罗,从事低贱职业,多数为奴隶,前三类是可再生人,首陀罗是不可再生人,不同的种姓间严禁通婚。

二、封建制法律

封建社会是以农业为基础的自然经济占主导地位的社会,封建法律维护封建地主阶级的意志,封建地主阶级占有生产资料,同时不完全占有作为生产劳动者的农奴或农民。

(一)确立农民阶级对地主的人身依附关系

我国唐朝把人分为良人和贱民。良人是农民,他们可以从国家接受一份田地自耕,在一定条件下也可以出卖土地,但是他们要缴纳税,实行租(纳租粟或者稻)、调(蚕乡纳绫或者绢;非蚕乡纳布、麻)、庸(服兵役)。

(二)实行封建等级制度

封建社会等级森严,维护封建等级制度的特权。如我国西周创立的宗法和分封制,天子按嫡长继承制世代相传,天子是"大宗",其他不能继承王位的庶子、次子也是王族,分封为诸侯,他们是从属于"大宗"的"小宗"。这些诸侯也是按嫡长继承的原则世代相传,非嫡长子则由诸侯分封为卿大夫。诸侯对于这些卿大夫来说,又是"大宗",依次类推。大夫以下又有士,士是贵族阶级的最底层,不再分封,全国形成了以天子为根基的宗法系统。欧洲也有类似的制度,封建等级制度是以土地关系为纽带,通过封主与附庸的臣属关系层层分封,更能有效地协调和维护封建主内部的利益,加强对下层人民的统治。

(三)维护专制皇权

早在《诗经·北山》中就有写道:"溥天之下,莫非王土。"我国封建社会是高度专制的中央集权制度,法律是统治阶级加强自己统治的工具,皇帝享有最高的立法、行政、司法、军事、祭祀等大权,贵族、地主分别享有国家管理社会生活方面的特权,百姓没有任何权利。为了维护皇权,历朝历代的法律中规定了十恶、大不赦、大不敬等罪名,从饮食到人身安全,可谓事无巨细。

(四)刑罚残酷,野蛮擅断

以中国为例,尽管笞杖徒流死是封建制五刑,但法外用刑仍旧存在。比如凌迟、株连、剥皮等,明代将军袁崇焕受到了凌迟刑;明代的方孝孺一案,受牵连者更是包含了父族、母族、妻族和其门生在内的十族,刑罚可谓残忍。

三、资本主义法律

资本主义法律是资产阶级共同意志的体现,是统治工人阶级和其他劳动人民的工具,其根本任务就是维护资产阶级的政治、经济和社会秩序。

(一)与资本主义私有制相适应的私有财产神圣不可侵犯原则

这一原则首次出现在1789年法国《人权宣言》:"财产是神圣不可侵犯的权利,除非当合法认定的公共需要所显然必需时,且在公平而预先赔偿的条件下,任何人的财产不得受到剥夺。"后来,各国的资本主义立法都确认了这条原则。私有财产神圣不可侵犯是对封建时代人身权和政治特权的否定,这是其进步性。但是我们也无可否认,私有财产神圣不可侵犯,是保护资产阶级的利益,是以个人主义价值观为基础的;资产阶级的生命权、自由权、安全权、政治权、经济和社会权等,都是以财产权为基础的,没有财产权也就谈不上其他的权利。

(二)与资本主义市场经济相适应的契约自由原则

从15世纪开始,资本主义生产关系逐渐形成,封建身份关系和等级观念受到了冲击,个人逐渐从封建、地域、专制的直接羁绊下解脱出来而成为自由、平等的商品生产者,从而实现了"从身份到契约的运动",自由主义的经济思想和人文主义的伦理观为契约自由提供了理论基础。在资本主义发展早期,认为最好的经济政策就是经济自由主义,国家的任务主要在于保护自由竞争。

1804年的《法国民法典》最早确立了契约自由,"契约是一种合意,依此合意,一人或数人对于其他一人或数人负担给付、作为或不作为的债务"。法典还规定,契约一经合法成立,当事人必须按照约定,善意履行,非经他们共同同意,不得废除或修改。契约当事人的财产、人身都作为履行契约的保证。但在资本主义条件下,对于不占有生产资料的普通劳动者来说,它只意味着决定把劳动力出卖给什么人的自由。因此,尽管契约自由在资本主义冲破封建主义的藩篱中起到了积极的作用,但是契约自由对于资产阶级才具有完全的意义,对于普通工人则只有部分意义,它是以契约自由的形式实现的经济强制的实质。到了近代资本主义社会,工人虽然从对某个雇主的依附中解放出来,但始终无法超脱资本主义的雇佣关系,从而产生了形式自由与实质自由的分离。这种货币与雇佣劳动等价交换的形式自由,掩盖了资本家无偿占用工人剩余劳动的实质不自由,因而真正的自由是少数资本家和统治者的自由。[①]

(三)与资本主义民主政治相适应的法律面前人人平等原则

1776年的美国《独立宣言》宣称:人权乃是"大自然的法与大自然的上帝之法所赋予人们的","我们认为这些真理是自明的,即一切人被创造出来都是平等的,他们被他们的创造主赋予了某些不可转让的权利,包括生存权、自由权和追求幸福的权利"。1789年法国大革命《人权宣言》的前言,不仅吸

---

① 乔瑞:《以科学辨析把握社会主义自由观》,《人民日报·学苑论衡》,2015年5月18日。

取了美国《独立宣言》与宪法的精神,而且还包括了孟德斯鸠、洛克、伏尔泰、卢梭、百科全书派和重农学派各家的启蒙思想。它宣称国家或社会乃是"自由与平等"的各个个人的结合,人们结合在一起形成国家或社会,是"为了保护自己的天然权利(天赋人权)","一切人都生来是、而且永远都是自由的,并享有平等的权利"。① 天赋人权的提出促进了资本主义发展,也为法律面前人人平等奠定了理论基础。

但是,这些平等权利更注重形式上的平等,第一,在经济资源、政治资源和信息资源实际不平等占有的情况下,平等的权利对许多普通劳动者来说,很少具有实际意义;第二,在资本主义社会,女性在政治、经济上的权利长期以来无法与男性一样获得平等的保障。

(四)与资产阶级人道主义相适应的人权保障

被马克思称为"第一个人权宣言"的美国《独立宣言》,在历史上第一次以官方文件的形式宣布了"主权在民"的原则。不过美国的种族歧视问题一直没有彻底解决。《独立宣言》否决了初稿中关于贩卖黑人奴役侵犯"生命和自由的神圣权利"的论述,直到1865年才在宪法第十三条修正案中正式废除奴隶制。种族歧视在20世纪60年代非常盛行。美国著名诗人兰斯顿·修斯的《旋转木马》:"这旋转木马上/哪儿是黑人的位置?/先生,我也想坐/我从南方来/那里白人和黑人/不能坐在一起/在南方,火车上/专有黑人车厢/在公共汽车上,黑人坐后排/可是这旋转木马/难分前与后/哪一个木马/能给黑孩子骑?"真实地反映了黑人和白人的区别;民权运动家马丁·路德·金被白人刺杀,他的梦想是否已经实现了呢?资本主义人权保障之路漫长而道远。

(五)法系

在资本主义法律发展的过程中,形成了两大法系——大陆法系和英美法系,至今对世界上部分国家仍起着重要的影响。

---

① 何兆武:《天赋人权与人赋人权》,《爱思想》,2019年7月23日。

大陆法系,又称民法法系,是以罗马法为基础而发展起来的法律的总称。大陆法系最先产生于欧洲大陆,以罗马法为历史渊源,以民法为典型,以法典化的成文法为主要形式。大陆法系包括两个支系,以1804年《法国民法典》为蓝本建立起来的,强调个人权利为主导思想,反映了自由资本主义时期社会经济的特点的法国法系;以1896年《德国民法典》为基础建立起来的,强调国家干预和社会利益,是垄断资本主义时期法特点的德国法系。属于大陆法系的国家和地区主要有法国、德国、意大利、西班牙等欧洲大陆国家,以及这些国家的殖民地和宗主国,中国澳门地区的法律也属于大陆法系。

英美法系,又称普通法法系,是以英国自中世纪以来的法律,特别是它的普通法为基础而发展起来的法律的总称。英美法系首先起源于11世纪诺曼人入侵英国后逐步形成的以判例形式出现的普通法。属于英美法系的国家和地区主要有:英国(不包括苏格兰)、美国(路易斯安那州除外),以及其殖民地、附属国的国家和地区、印度、巴基斯坦、新加坡、缅甸、加拿大(魁北克省除外)、澳大利亚、新西兰、马来西亚等,中国香港地区也属于英美法系。

尽管两大法系在法律思维、法的渊源、法律的分类、诉讼程序和判决程式、法典编纂上存在差异,但近年来,两大法系不断地相互吸收、相互借鉴,有逐渐融合的趋势。

四、社会主义法律

社会主义法律是新型的法律制度,是建立在以生产资料公有制为基础,以按劳分配为原则,以劳动者共同占有生产成果为特征,以共同富裕为目标的生产关系基础上的,反映广大劳动人民的意志。

(一)以公有制为基础

资本主义所有不平等的根源在于私有制,以私有制为基础的平等和自由仅仅实现了以物的依赖性为基础的人的独立性,这种平等和自由的真实意义在很大程度上要取决于个人在经济上是否居于支配地位;而社会主则建立以公有制为基础的经济制度,能够消除物的依赖性和实现以个人全面发展为基础的自由发展,它所承担的历史使命和所追求的历史目标是对以往各种历史类型法律制度的超越。

(二)以消灭剥削、消除两极分化、实现共同富裕为历史使命和价值追求

社会主义本质是消灭剥削、消除两极分化,最终达到共同富裕。在社会主义公有制基础上,全体劳动者或者部分劳动者共同占有生产资料,以劳动者的劳动作为个人收入分配的基本尺度,既承认差别,又反对因收入差距过大而导致的贫富悬殊,确保社会生产所创造的生产成果归劳动者共同占有和支配,并通过解放生产力和发展生产力来推动社会物质财富和精神财富的日益丰富,从而实现人的全面发展和全体社会成员的共同富裕。

(三)法律面前人人平等

我国《宪法》规定,凡具有中华人民共和国国籍的人都是中华人民共和国公民。中华人民共和国公民在法律面前一律平等。国家尊重和保障人权。中华人民共和国年满十八周岁的公民,不分民族、种族、性别、职业、家庭出身、宗教信仰、教育程度、财产状况、居住期限,都有选举权和被选举权;但是依照法律被剥夺政治权利的人除外。这就决定了我国所主张的法律面前人人平等是实质上的平等、是立法上的平等和法律适用上的平等。

第六讲
我国社会主义法律的本质特征

我国社会主义法律，是在中国共产党领导的新民主主义革命时期孕育，在中华人民共和国成立后不断形成和发展起来的。改革开放以来，我国法治建设进入了前所未有的快速发展时期，形成了以宪法为统帅的社会主义法律体系，国家和社会生活各方面实现了有法可依，这是一个巨大的历史成就。从本质上说，我国社会主义法律是中国特色社会主义制度的重要组成部分，是党领导人民当家作主的制度保障。

一、我国社会主义法律体现了党的主张和人民意志的统一

我国社会主义法律既具有鲜明的阶级性，又具有广泛的人民性，体现了阶级性与人民性的统一。我国《宪法》第二条规定：中华人民共和国的一切权力属于人民。人民行使国家权力的机关是全国人民代表大会和地方各级人民代表大会。人民依照法律规定，通过各种途径和形式，管理国家事务，管理经济和文化事业，管理社会事务。这充分说明了人民是国家的主人，制定法律的权力属于人民。而中国共产党是中国工人阶级的先锋队，同时是中国人民和中华民族的先锋队，是中国特色社会主义事业的领导核心。社会主义法律维护人民的根本利益，巩固中国共产党的领导地位，体现了党的主张和人民意志的统一。党领导人民制定宪法法律，党领导人民实施宪法法律，党自身必须在宪法法律范围内活动，这就是党的领导力量的体现，也是

我国社会主义法律最本质特征的具体表现。

【案例】

人民的宪法全票通过:记1954年《宪法》

1954年6月16日,《人民日报》刊登了宪法草案全文并发表了社论,号召开展广泛讨论。"新中国第一部宪法草案"一时变成街头巷尾的热门话题,参加讨论的人数达1.5亿,约占当时全国总人口的四分之一。短短两个月,就征集了118万条意见。据当时在宪法起草委员会办公室秘书组的人回忆,他们的主要工作就是汇总整理各地的意见,"大至大政方针,小至标点符号,均要予以记录"。这些征集到的修改、补充意见和问题"几乎涉及宪法草案的每一个条款"。1954年9月15日至28日,中华人民共和国第一届全国人民代表大会在北京举行,刘少奇作了《关于中华人民共和国宪法草案的报告》,指出宪法草案是"幸福生活的保证","每一条都代表着人民的利益",新中国第一部"人民的宪法"由此诞生,中国人民终于有了一部代表自身权益、遵循民主和社会主义原则的宪法。

【案例】

西藏的"前生"与"今世"

旧西藏采用的是政教合一的封建农奴制度,占总人口90%的农奴属于占总人口5%的农奴主阶级,农奴是农奴主的私有财产。以官府、贵族和寺庙上层僧侣为代表的仅占人口5%的"三大领主"及其代理人,占有着旧西藏全部耕地、牧场、森林、山川、河流、河滩以及牲畜,过着极其腐朽和糜烂的剥削寄生生活;而广大农奴和奴隶则深受农奴主的压迫和残酷的剥削,不仅今生的生杀大权由农奴主所掌握,而且"来世"的命运也被"神权"所操弄和要挟。1951年,西藏和平解放,1965年西藏自治区正式成立,西藏从此走上了社会主义民族区域自治的光辉之路。

历经69年的发展,西藏在民主政治、医疗卫生教育、交通通信等方面取得了举世瞩目的成就。2018年,在西藏自治区第十一届人民代表大会中,藏族和其他少数民族代表共占65.83%。西藏自治区成立至今,历任自治区人大常委会主任和自治区人民政府主席均为藏族公民。2019年全自治区居民人均可支配收入19 501元,同比增长12.8%。城乡居民收入增速均位列全国第一。2017年底,全自治区有各级各类医疗卫生机构1 507个,每千人拥有床位4.79张、卫生技术人员4.89人,婴幼儿死亡率下降到10.38‰。2018年西藏学前教育毛入园率77.9%,义务教育巩固率93.9%,高中阶段毛入学率82.3%,高等教育毛入学率39.2%。目前,西藏已建成5个民用机场,阿里昆莎机场是目前世界上海拔第二高的机场,开通国内国际航线79条,形成以公路、铁路、航空为主体的综合立体交通网络。

"前生"做"农奴","今世"当主人。在社会主义制度下,在法律上保障人与人之间的平等,西藏人民才能自主管理自治区事务,掌握自己的命运,过上幸福美好的新生活。

二、我国社会主义法律具有科学性和先进性

我国社会主义法律反映的不是少数人的特殊利益,而是全体人民的共同利益,从本质上说,我国社会主义法律更能尊重和反映社会发展规律,具有科学性和先进性。我国法律坚持马克思主义世界观和方法论,并指导人们在法律实践中尊重和反映客观规律。我国法律适应时代发展要求,改革创新立法体制、立法程序、立法技术,使立法的质量和水平不断提高。

【案例】

从扩大地方立法权看中国特色社会主义法律的科学性

从法律种类上看,我国法律包含了宪法、法律、法规、部门规章、地方性法规、地方政府规章在内的层级不同的法律体制。宪法是根本大法,是国家一切法律、法规制定的总的依据,而法律则是全国统一适用的法律规范,作为单一制国家,宪法、法律确保了我国最高立法权的统一。但是,我国又是一个多民族国家,人口多、底子薄,地区之间差异显著,如果一刀切立法,势必不适用有些地区。为了适应地区间经济、文化、社会事务、环境保护等方面的差异性,十三届全国人大一次会议通过的宪法修正案规定,"设区的市的人民代表大会和它们的常务委员会,在不同宪法、法律、行政法规和本省、自治区的地方性法规相抵触的前提下,可以依照法律规定制定地方性法规,报本省、自治区人民代表大会常务委员会批准后施行"。这就意味着扩大了地方的立法权,享有地方立法权的主体在原有 31 个省(自治区、直辖市)和 49 个较大的市的基础上,又增加 274 个,包括 240 个设区的市、30 个自治州和 4 个未设区的地级市。同时,为了维护少数民族地区的利益和尊重少数民族地区的风俗习惯,我国也有专门适用于少数民族聚居地的单行条例,充分发挥地方的积极性和主动性。对地方立法权的扩大,是法治条件下的应然之举,有利于制定出高质量、符合当地实际的地方法规,体现了法律适应时代发展的要求,从实际出发,科学立法,不断改革创新立法体制、立法程序、立法技术,提升立法的质量和水平。

三、我国社会主义法律是中国特色社会主义建设的重要保障

我国社会主义法律是中国特色社会主义建设的重要保障。法的社会作用是从法在社会生活中要实现的目的角度来认识的。我国法律的社会作用体现了社会主义的本质要求,经济发展、政治清明、文化昌盛、社会公正、生

态良好,都离不开社会主义法律的引领、规范和保障。

【案例】

云南绿孔雀案一审宣判:立即停止水电站建设

2017年11月6日,昆明中院受理北京市朝阳区自然之友环境研究所(以下简称"自然之友")诉新平公司、中国电建集团昆明勘测设计研究院有限公司(以下简称"昆明设计院")环境污染责任纠纷一案。自然之友诉称:由新平公司建设、昆明设计院总承包的云南省红河(元江)干流戛洒江一级水电站淹没区系国家一级保护动物、濒危物种绿孔雀的栖息地。该水电站一旦蓄水,将导致绿孔雀栖息地被尽数淹没,从而导致该区域绿孔雀灭绝的可能。昆明中院经审理认为:戛洒江一级水电站的淹没区是绿孔雀栖息地,一旦淹没很可能会对绿孔雀的生存造成严重损害。同时,戛洒江一级水电站的《环境影响报告书》也未对绿孔雀栖息地的陈氏苏铁进行评价,新平公司也未对陈氏苏铁采取任何保护性措施。戛洒江一级水电站若继续建设,将使该区域珍稀动植物的生存面临重大风险。2020年3月,昆明中院据此做出立即停止水电站建设的一审判决。

近年来,环境公益诉讼逐渐增多,2007年第一家环保法庭——贵阳市清镇人民法院环保法庭设立,至2017年,全国法院共设立环境资源审判庭、合议庭和巡回法庭近1000个。生态文明立法取得显著成效,环境立法进入了"环境宪法"时代。据统计,除宪法外,从法律层面来看,国家先后制定了《环境保护法》《大气污染防治法》《环境影响评价法》《循环经济促进法》等相关法律30多部,总量已超过全国人大及其常委会立法总量的1/10。从环境法规层面来看,国务院环境行政主管机构先后制定了《自然保护区条例》《野生动物保护条例》等环境保护行政法规130余部,并制定了国家环境标准近

2 000项。从立法上制定、修改环境保护法律法规,到加大对违反环境保护事件的执法、司法力度,反映了我国倡导尊重自然、顺应自然、保护自然,引导形成节约资源和保护环境的空间格局、产业结构、生产方式、生活方式,推动绿色发展,促进人与自然和谐共生的理念。

【案例】

加强对英雄烈士的保护

近年来,我国形成了英烈保护法律体系。《民法典》第一百八十五条就英烈保护进行立法:侵害英雄烈士等的姓名、肖像、名誉、荣誉,损害社会公共利益的,应当承担民事责任;2018年5月1日,《中华人民共和国英雄烈士保护法》正式实施;2018年12月13日,《南京市国家公祭保障条例》正式实施。上至国家层面,下至地方层面,制定加强对英雄烈士的保护规则,维护了社会公共利益,传承和弘扬了英烈精神、爱国主义精神,培育和践行了社会主义核心价值观,激发了实现中华民族伟大复兴中国梦的强大精神力量。

第七讲
法律制定

法律的运行是一个从创制、实施到实现的过程,主要包括法律制定、法律执行、法律适用、法律遵守等环节。法律制定着眼于国家对权利和义务,即社会利益和负担进行的权威性分配;法律的执行、适用、遵守侧重把法律规范转化为法律实践,把法定的权利和义务转化为现实的权利和义务。

一、法律制定主体

法律制定是指有立法权的国家机关,依照法定职权和程序,制定规范性法律文件的活动,是法律运行的起始性和关键性环节。

(一)法律

根据宪法规定,全国人民代表大会及其常务委员会行使国家立法权,负责宪法和法律的制定、修改、废止和解释工作。从狭义上讲,全国人大及其常委会制定的是法律。根据《立法法》规定,只能是全国人大及其常委会立法,其他国家机关无权立法的事项为:(1)国家主权的事项;(2)各级人民代表大会、人民政府、人民法院和人民检察院的产生、组织和职权;(3)民族区域自治制度、特别行政区制度、基层群众自治制度;(4)犯罪和刑罚;(5)对公民政治权利的剥夺、限制人身自由的强制措施和处罚;(6)税种的设立、税率的确定和税收征收管理等税收基本制度;(7)对非国有财产的征收、征用;(8)民事基本制度;(9)基本经济制度以及财政、海关、金融和外贸的基本制度;(10)诉讼和仲裁制度;(11)必须由全国人民代表大会及其常务委员会制定法律的其他事项。这里必须指出,实践中有大量的司法解释,司法解释本身不是立法,是国家最高司法机关在适用法律过程中对具体应用法律问题所做的解释,作为司法办案人员的裁判依据。

(二)行政法规、部门规章

除了立法机关立法以外,行政机关也有立法权。具体包括国务院,有权根据宪法和法律制定行政法规;中央军委,有权根据宪法和法律制定军事法规;国务院各部门,可以根据宪法、法律和行政法规,在本部门的权限范围内,制定部门规章;(1)为执行法律的规定需要制定行政法规的事项;(2)对《宪法》第八十九条规定的国务院行政管理职权的事项进行立法,根据《宪法》第八十九条,一共规定了包括领导和管理经济工作和城乡建设、生态文明建设;领导和管理教育、科学、文化、卫生、体育和计划生育工作;领导和管理民政、公安、司法行政等十八个方面工作上享有立法权。

(三)地方性法规、自治条例和单行条例

省、自治区、直辖市的人民代表大会及其常委会根据本行政区域的具体情况和实际需要,在不与宪法、法律和行政法规相抵触的前提下,可以制定地方性法规。设区的市的人民代表大会及其常委会根据本市的具体情况和实际需要,在不与宪法、法律、行政法规和本省、自治区的地方性法规相抵触的前提下,可以制定地方性法规,报省、自治区的人民代表大会常委会批准后施行。自治区、自治州、自治县的人民代表大会可以根据当地民族的具体情况制定自治条例和单行条例。

地方人大的立法称为地方性法规,《立法法》规定,以下事项可以制定地方性法规:(1)为执行法律、行政法规的规定,需要根据本行政区域的实际情况作具体规定的事项;(2)属于地方性事务需要制定地方性法规的事项。除本法第八条规定的事项外(即必须制定法律的事项),其他事项国家尚未制定法律或者行政法规的,省、自治区、直辖市和设区的市、自治州根据本地方的具体情况和实际需要,可以先制定地方性法规。

(四)地方政府规章

除了地方人大立法,省、自治区、直辖市、设区的市的人民政府可以根据法律、行政法规和本省、自治区、直辖市的地方性法规,制定地方政府规章。地方政府规章可以就下列事项做出规定:(1)为执行法律、行政法规、地方性法规的规定需要制定规章的事项;(2)属于本行政区域的具体行政管理事项。设区的市、自治州的人民政府限于城乡建设与管理、环境保护、历史文化保护等方面的事项。没有法律、行政法规、地方性法规的依据,地方政府规章不得设定减损公民、法人和其他组织权利或者增加其义务的规范。

二、法律效力

我国立法有层级复杂、规范覆盖面广的特点。在这些法律法规中,宪法具有最高的法律效力,一切法律、行政法规、地方性法规、自治条例和单行条例、规章都不得同宪法相抵触。法律的效力高于行政法规、地方性法规、规章。行政法规的效力高于地方性法规、规章。地方性法规的效力高于本级和下级地方政府规章。省、自治区的人民政府制定的规章的效力高于本行政区域内的设区的市、自治州的人民政府制定的规章。部门规章之间、部门规章与地方政府规章之间具有同等效力,在各自的权限范围内施行。

三、法律制定程序

法律制定的程序一般分为四步:法律案的提出、法律案的审议、法律案的通过、法律案的公布。下面以全国人大立法为例说明。

(一)法律案的提出

根据《立法法》的规定,有权向全国人民代表大会提出法律案的国家机关或个人是:(1)全国人民代表大会主席团;(2)全国人民代表大会常务委员会;(3)全国人民代表大会各专门委员会;(4)国务院;(5)中央军事委员会;(6)最高人民法院;(7)最高人民检察院;(8)一个代表团或者三十名以上的代表联名。根据宪法和《立法法》的规定,有权向全国人大常委会提出法律案的机关和个人是：(1)委员长会议；(2)全国人大十个专门委员会；(3)国务院；(4)中央军事委员会；(5)最高人民法院；(6)最高人民检察院；(7)常务委员组成人员十人以上联名。

(二)法律案的审议

全国人民代表大会审议法律案的程序是：(1)听取提案人的说明后，由各代表团进行审议。(2)由有关的专门委员会进行审议，向主席团提出审议意见，并印发会议。(3)由法律委员会根据各代表团和有关的专门委员会的审议意见，对法律案进行统一审议，向主席团提出审议结果报告和法律草案修改稿，对重要的不同意见应当在审议结果报告中予以说明，经主席团会议审议通过后，印发会议。(4)由法律委员会根据各代表团的审议意见进行修改，提出法律草案表决稿。

全国人大常委会审议法律案的程序，一般应当经三次常务委员会会议审议后再交付表决：(1)在全体会议上听取提案人的说明，由分组会议进行初步审议。(2)在全体会议上听取法律委员会关于法律草案修改情况和主要问题的汇报，由分组会议进一步审议。(3)在全体会议上听取法律委员会关于法律草案审议结果的报告，由分组会议对法律草案修改稿进行审议。

(三)法律案的通过

全国人大及其常委会通过法律案都是采用表决通过的方式进行的，宪法及其修正案以全国人民代表大会全体代表的三分之二以上的多数通过；其他法律以全国人民代表大会全体代表过半数通过。

(四)法律的公布

法律由国家主席签署主席令的形式公布。签署公布法律的主席令载明该法律的制定机关、通过和施行日期。法律签署公布后，及时在全国人民代表大会常务委员会公报和中国人大网以及在全国范围内发行的报纸上刊载。在常务委员会公报上刊登的法律文本为标准文本。

第八讲
法律执行

一、法律执行的概念

法律的执行包括广、狭两义。广义法律执行是指国家机关及其公职人员,在国家和公共事务管理中依照法定职权和程序,贯彻和实施法律的活动,即行政执法和司法。狭义法律执法仅指行政执法,即国家行政机关执行法律的活动,本讲主要讲述行政执法。在日常生活中,交警执法、户籍登记、授予学位、注销户口等,都涉及行政执法,行政执法是一个涵盖从摇篮到坟墓的法律。

二、行政执法的主体

了解执法主体是学习法律执行的首要问题,行政执法主体主要有以下几类:

(一)行政机关

行政机关是按照国家宪法和有关组织法的规定而设立的,代表国家依法行使行政权,组织和管理国家行政事务的国家机关,是国家权力机关的执行机关,也是国家机构的重要组成部分,行政机关具有行政主体资格,能独立以自己的名义进行行政活动并独立承担由此产生的法律后果。行政机关是行政执法主体中最多、最主要的一类。行政机关可以分为三类:(1)中央和各级地方政府。如国务院、上海市人民政府、特别行政区行政机关。(2)各级政府中享有执法权的行政机构。如中国人民银行和审计署、上海市公安局、上海市长宁区工商局等等。(3)地方行政机关的派出机关,主要有三类:①省、自治区人民政府经国务院批准设立的行政公署;②县、自治县人民政府经省、自治区、直辖市人民政府批准设立的区公所;③市辖区、不设区的市人民政府经上一级人民政府批准设立的街道办事处。上述行政机关共同的特点就是执法权源自法律的直接规定。比如,村委会有没有行政执法权?答案是否定的。因为《宪法》规定,我们国家最小一级行政单位是乡,而不是村,所以村委会没有行政执法权,除非得到法律、法规授权。

(二)行政机关的派出机构

行政机关的派出机构,是指作为某一级人民政府职能工作部门的行政机关,根据实际需要针对某项特定行政事务而设置的工作机构。派出机构在日常生活中很多,例如派出所、工商所。派出机构不是独立的行政主体,不能以自己的名义行使权力,除非它有法律法规的明确授权。比如,派出所是否可以行使处罚权?答案是肯定的,但必须以县级公安机关的名义做出,且罚款金额在500元以下。

(三)法律授权组织

法律授权组织是指依据法律、法规授权而行使特定行政职能的非国家机关组织。主要有五种形式:事业组织、社会团体、基层群众性自治组织、企业组织、各种技术检验和鉴定机构。法律授权组织的特点是:(1)被授权组织在行使法律、法规所授职权时,享有与行政机关相同的行政主体地位。(2)被授权组织以自己的名义行使行政法律、法规所授职权,并承担相应的法律后果。(3)被授权组织在执行其被授职权以外的自身职能时,不享有行政权,不具有行政主体的地位。如大学对大学生学位授予、对违纪同学做出违纪的处理,这些都属于行政行为。

(四)行政机关委托组织

行政机关委托组织是指受行政机关的委托,按照委托范围,以委托主体的名义,行使被委托的行政职权的非国家机关的组织,委托的后果由委托的行政机关承担而非被委托组织承担。比如税收,对于一些零星的、分散的异地缴税行为,税务机关可以委托与纳税人有管理关系或者业务往来的行政、事业、企业单位或者其他社会组织代征税款。这种关系,是通过税务机关与代征人之间签订《委托代征协议书》建立起来的。

三、行政执法的原则

在行政执法的过程中,主要有四个原则:合法性、合理性、信赖保护、效率,这是行政执法的关键。

(一)行政合法性原则

行政合法性原则是指所有行政法律关系当事人都必须严格遵守并执行行政法律的规定,一切行政活动都必须以法律为依据,任何行政法律关系不得享有法外特权,越权行为是无效行为,违反行政法律规范的行为应导致相应的法律后果,一切行政违法主体必须承担相应的法律责任。它包含行政处罚的结果合法性与行政处罚的程序合法性,在实践中,行政处罚的程序合法性往往被忽略。

【案例】

于艳茹诉北大案

"于艳茹诉北大案"是我国首例因涉嫌论文抄袭导致博士学位被撤销的行政诉讼案件。于艳茹系北京大学历史学系 2008 级博士研究生,2013 年 7 月取得博士学位。2013 年 1 月,于艳茹将其撰写的论文《1775 年法国大众新闻业的"投石党运动"》(以下简称《运动》)向《国际新闻界》杂志社投稿并刊登,后被该杂志认定为抄袭,北京大学经调查认为,《运动》"基本翻译外国学者的作品,因而可以视为严重抄袭,应给予严肃处理",2015 年 1 月,北京大学做出《关于撤销于艳茹博士学位的决定》。于艳茹不服,在先后向北京大学学生申诉处理委员会和北京市教育委员会提出申诉遭到驳回后,起诉至法院,2017年6月,终审判决北大败诉。

　　北大之所以会败诉,就是因为北大违反了行政处罚中的程序合法性原则。北京大学作为法律授权组织,做出任何使他人遭受不利影响的行使权力的决定前,应当听取当事人的意见,以确保程序与结果的公正。作为行政相对人的于艳茹只有在充分了解案件事实、法律规定以及可能面临的不利后果之情形下,才能够有针对性地进行陈述与申辩,发表有价值的意见,从而保证其真正地参与执法程序,而不是流于形式。而北京大学仅由调查小组约谈过一次于艳茹,约谈的内容也仅涉及于艳茹抄袭文章一事,至于抄袭这件事是否足以导致于艳茹的学位被撤销,北京大学并没有进行相应的提示,于艳茹在未意识到其学位可能因此被撤销这一风险的情形下,也难以进行充分的陈述与申辩。所以,法院认为北大在未让于艳茹充分陈述与申辩的情况下,就撤销其博士学位的行政程序违法。通过法院对此案件的说明,在行政执法过程中,重实体、轻程序的观念必须改变,必须注重程序的合法性,强化程序权利意识。

(二)行政合理性原则

　　行政合理性原则是指根据实际行政活动的需要,基于自由裁量权而产生和存在的行政合理性,它要求行政主体的行政行为不仅要合法,而且同时要合理。违反合法性原则将导致行政违法,违反合理性原则将导致行政不当。

【案例】

疫情期间,一只口罩进价6毛卖1元,处罚4万余元是否合理

　　在2020年疫情期间,湖北洪湖一药房将进价0.6元的口罩卖1元,被认

定涉嫌哄抬价格被洪湖市市场监管局查处,没收违法所得14 210元,罚款42 630元。消息出来后,很多网友都为此鸣不平,为什么?这就涉及行政执法的合理性原则。

姑且不论该处罚是否合法,即便是合法的,处罚则不一定合理。商家提供货物,中间一定是要赚取差价的。就本案而言,售价比进价上涨67%,从表面涨幅上看确实涉及哄抬价格,但结合当时的疫情,口罩的稀缺;与同类口罩相比,口罩的价格偏低,不难发现该口罩售价比较亲民。执法人员在已经没收违法所得14 210元的情况下,仍处以42 630元的惩罚性罚款,未必合理。法律赋予行政机关执法权的同时,为避免权力的滥用,执法权必须合乎情理和法理。

(三)行政信赖保护原则

行政信赖保护原则是指当行政相对人对行政主体所做出的授益性行政行为形成值得保护的信赖时,行政主体不得随意变更、撤销或废止该行为,否则必须对行政相对人基于对该行为有效存续的信赖而获得的合法利益予以合理补偿。法律规定信赖保护原则是出于建立行政公信力的需要,也是对公民合法权益的保护。

【案例】

田永诉北京科技大学案

田永是北京科技大学1994级学生。1996年,因考试作弊被学校开除。但其后的两年,田永却一直以学生身份在该校学习,直到毕业前夕,被通知不予颁发毕业证,原因是两年前已被学校开除。田永诉至法院,最终法院判决北京科技大学败诉。

法院之所以判决北京科技大学败诉,在于北京科技大学违反了信赖保护原则。因为田永尽管被学校开除了,但是这个开除决定并未实际实施。

首先,田永的老师、同学都不知道田永被开除了学籍;其次,田永直到大四毕业前,都正常缴纳学费、参加学习和考试、获得相应的补助贷款、补办学生证、完成实习活动。这一系列行为足以使田永认为自己还是在校注册学生,而且在之后的两年学习中,田永没犯过错误,且成绩优秀。在大四即将毕业前,学校突然告知田永两年前已经被学校开除的处罚,不予颁发毕业证、学位证时,学校的做法违反了信赖保护原则。

(四)行政效率原则

行政效率原则是指为了保证行政活动的高效率,行政程序的各个环节应当有时间上的限制。在保障行政相对人基本人权和公平行政的前提下应尽可能提高行政效率。

【案例】

迟来的裁决是违法的吗?

吴某与张某因琐事发生纠纷打架斗殴,当地派出所虽然立案、传唤、讯问、取证,但一直没有做出裁决。在张某强烈要求下,8年后,该县公安局以吴某殴打他人为由,对吴某做出拘留10天的行政处罚。吴某不服,向法院提出行政诉讼。

法院在审理过程中,存在两种不同观点。一种观点认为,吴某应该处罚,因为我国法律只规定了追溯时效,即违反治安管理的行为在6个月内公安机关没有发现的,不再处罚,但没有规定处罚时效。而另一种观点认为应依法予以撤销该行政行为。最终采纳了第二种观点,其原因就在于行政机关违反了行政效率原则。

违反效率性原则从客观上会影响社会的稳定、激化矛盾。当事人会寻求其他的途径,如私力救济、上诉、上访,造成了司法资源的浪费。因此,现代国家的行政管理,应当坚持效率性和连续性原则。本案被告县公安局于

2012年接到报案,拖至2020年才做出处理,使该行政法律关系长期处于不稳定状态,县公安局这种迟延履行法定职责的行为,违反了行政管理的效率性,应视为严重的程序违法。

第九讲
法律适用

法律适用是指国家司法机关及其公职人员依照法定职权和程序适用法律处理案件的专门活动。在我国,司法机关是指国家审判机关和检察机关。人民法院代表国家行使审判权,人民检察院代表国家行使法律监督权。其他任何国家机关、社会组织和个人,不得行使国家司法权。

一、我国现行司法体系

由公、检、法、司四大机关共同构成了我国的司法体系。在司法实践中,一般指法院系统和检察院系统。以法院为例,我国现行法院组织体系为四级两审终审制。四级法院为:基层人民法院,设于县、自治县、不设区的市、市辖区;中级人民法院,设于地、市、自治州;高级人民法院,设于省、自治区、直辖市;最高人民法院,设于首都北京,另外,最高人民法院分别在深圳、沈阳、南京、郑州、重庆、西安设置第一至第六巡回法庭。除此之外,还设有一些专门法院。以上海为例,还另外设立了海事法院、金融法院、上海铁路运输法院、上海市第三中级人民法院(上海知识产权法院、上海铁路运输法院)。

我国法院实行两审终审制,即指一起案件经过两级法院审判终结审判的制度。也就是说,地方各级法院对于按照审判管辖权的规定对由它审判的第一审案件做出判决或裁定以后,若当事人不服,可以在法定期限内向上一级法院提起上诉;若同级的检察院不服,可以在法定期限内向上一级法院提起抗诉。上一级法院有权受理针对下一级法院第一审判决或裁定不服的上诉或抗诉,有权经过对第二审案件的审理,改变或维持第一审法院的判决或裁定。这时,上级法院的第二审判决、裁定,就是终审判决、裁定,当事人不得上诉。

二、司法的基本要求

司法机关在行使司法权的时候,司法工作在质量和效率方面应达到的一定的标准,这个标准就是正确、合法、及时、公正、合理。司法公正、合理在以后的讲解中会提到。如何理解司法及时的要求,党的十八届四中全会之后,立案从审核制变为登记制,由于法院人数有限,案件数量却成倍增长,如果按照传统审理程序,会造成大量案件的积压,不利于维护当事人的合法权益,尤其是适用简易程序和小额诉讼等,不宜久拖不决。案件繁简分流机制是解决当事人诉累的重要途径,通过案件繁简分流可以达到简案快审、疑案精审的目标,能较好地促进审判效率与审判质量的提高,及时审判避免了累讼、化解了矛盾,更多的当事人愿意有矛盾找法律解决。

三、司法的主要原则

(一)法律面前人人平等

我国三大诉讼法均规定了公民诉讼权利的平等。《民事诉讼法》规定,民事诉讼当事人有平等的诉讼权利。人民法院审理民事案件,应当保障和便利当事人行使诉讼权利,对当事人在适用法律上一律平等。《刑事诉讼法》规定,对于一切公民,在适用法律上一律平等,在法律面前,不允许有任何特权。《行政诉讼法》规定,当事人在行政诉讼中的法律地位平等。法律面前人人平等是法律确认和保护公民在享有权利和承担义务上处于平等的地位,不允许任何人有超越于法律之上的特权。

实践中,往往会有两种倾向:一种是以权代替法律。党的十八大以来一直强调,坚决反对特权思想和特权现象,党的十八大以来,至少有193名省部级及以上官员被调查;另一种是以情感替代法律,如2014年的复旦投毒案中,复旦大学的林森浩在饮水机中投毒,杀害了黄洋,一审被判处死刑,二审中177名复旦学子联名上书为林森浩求情,希望能够"刀下留人",但最后,求情信没有影响法院对林森浩判处死刑的终审判决,因为除非有法律规定的酌定情节,否则情不能代替法。

(二)司法公正

法律公正有两个方面,其一是法律制定上的公正,可以称为立法公正;其二是法律实施中的公正,包括执法公正和司法公正。前者是法律公正的基础,因为没有公正的立法就根本不可能有公正的执法和司法。司法公正包含两个方面:其一,实体公正;其二,程序公正。实体公正和程序公正相当于一个硬币的两个方面。只有做到了程序公正,才能做到实体公正。

【案例】

于海明正当防卫案("昆山反杀案")

2019年最高检工作报告中提到了"于海明正当防卫案",该案在社会上引起了很大的反响。2018年8月,刘海龙驾驶宝马轿车在昆山市某路口时,与同向骑自行车的于海明发生争执。刘海龙从车中取出一把砍刀连续击打于海明,后被于海明反抢砍刀并捅刺、砍击对方数刀,刘海龙身受重伤,经抢救无效死亡。在整个过程中,由于于海明夺过刘海龙的刀后,7秒内捅刺、砍中刘海龙5刀最后导致刘海龙死亡。争议的焦点在于该行为是否能构成正当防卫。

公安机关在认定案情时认为,刘海龙对于海明的不法侵害是一个持续不断升级的"行凶"过程:从跟于海明争执,到下车对于海明拳打脚踢,再到返回车内取出砍刀,于海明夺刀自卫,符合《刑法》规定的"为了使国家、公共利益、本人或者他人的人身、财产和其他权利免受正在进行的不法侵害,而采取的制止不法侵害的行为,对不法侵害人造成损害的,属于正当防卫"。那么,于海明7秒内捅刺、砍中刘海龙的5刀,是不是属于防卫过当?公安机关在综合监控视频以及对当时情形综合研判后,认为7秒连续砍5刀是一个持续性的行为,根据《刑法》规定,对正在进行行凶、杀人、抢劫、强奸、绑架以及其他严重危及人身安全的暴力犯罪,采取防卫行为,造成不法侵害人伤亡的,不属于防卫过当,不负刑事责任。最终做出撤销案件的决定。该决定做出后,得到了社会、司法界的肯定,维护了司法的公正。

(三)以事实为依据,以法律为准绳

司法机关办理案件,必须以事实为依据,以法律为准绳。这一原则包含不可分割的两个方面:以事实为依据。要求司法机关办理案件要从实际出发,实事求是,依据客观存在的事实认定案件事实。事实是大前提,法律是小前提,最终得出法律结论。问题是事实如何认定?理论上讲,事实是已经发生的,裁判者并未亲历现场,而是事后分析得出。因此,获得正确的事实是整个司法裁判的关键。这里的正确事实必须是符合法律规定的事实,即符合真实性、合法性和关联性,经过举证和质证后,被司法机关认定的事实才是法律意义上的事实。所以,以事实为依据,更准确的理解是以法律认定的事实为根据,以法律为准绳。

(四)依法独立公正行使司法权

我国宪法规定,人民法院、人民检察院依照法律规定独立行使审判权、检察权,不受行政机关、社会团体和个人的干涉。党的十五大到党的十八大,以及十八届三中、四中全会,均提出要确保人民法院和人民检察院依法独立公正行使审判权和检察权。"依法"之法是党领导广大人民群众制定的法律,既是司法权运行的依据,也是司法权的"制度笼子";"独立"是我国司法权运行方式上的要求,表现为"让审理者裁判、由裁判者负责",是坚持党的领导的依法独立;"公正"则体现了社会主义法治的本质要求和价值追求,既注重实体公正,也注重程序公正,让人民群众在每一个司法案件中都感受

到公平正义。

实践中,有两种情况比较容易影响独立公正行使司法权。第一种情形是舆论干预司法。舆论既可以在一定程度上对司法过程产生积极的监督作用,同时也可能产生影响司法公正的消极问题。如邓玉娇事件、药家鑫案、许霆案、唐慧案中,舆论对司法过程的影响无可回避。有人甚至将舆论强势介入案件审判称为"舆论司法"。[①] 舆论监督是一把双刃剑,监督过当,司法裁判都因舆论而改判,则对公众会消解司法公信力;监督得当,则能够维护司法裁判的独立性和正确性,提升司法公信力。应该形成独立公正行使司法权与舆论监督的良性互动。

另一种则是行政(领导干部)干预司法。为落实《中共中央关于全面推进依法治国若干重大问题的决定》有关要求推出的重要举措,中共中央办公厅、国务院办公厅印发的《领导干部干预司法活动、插手具体案件处理的记录、通报和责任追究规定》、中央政法委员会印发的《司法机关内部人员过问案件的记录和责任追究规定》指出,官员干预司法都将被记录;纵容"身边人"说情将通报;对记录人员打击报复将追责,对领导干部干预司法活动划出"红线",保障司法机关依法独立公正行使职权。

---

① 卢永春:《透视网络舆论场 "舆论干预司法"纷争》,人民网,2013年9月24日。

第十讲
法律遵守

法律遵守是法律运行的最终归宿和落脚点。如果说立法机关从源头上分配社会权利、义务,司法和执法机关则注重过程监控,那么守法则是从根本上践行权责利的分配。

一、法律遵守的概念

法律遵守是指国家机关、社会组织和公民个人依照法律规定行使权力和权利以及履行职责和义务的活动。守法是一切组织和个人严格依法办事的活动和状态。依法办事,就是依法享有并行使权利、依法承担并履行义务。守法是法律实施和实现的基本途径。包括三个方面:

其一,法律遵守的主体。守法主体是国家机关、社会组织和公民个人。也就是说包括国家机关在内的任何个体、组织都不能凌驾于法律之上。这在具体的部门法中也有体现,《民法典》第二条规定,民法调整平等主体的自然人、法人和非法人组织之间的人身关系和财产关系。法人组织包含了国家机关。《刑法》第三十条规定,公司、企业、事业单位、机关、团体实施的危害社会的行为,法律规定为单位犯罪的,应当负刑事责任。《行政处罚法》第三条规定,公民、法人或者其他组织违反行政管理秩序的行为,应当给予行政处罚的,依照本法由法律、法规或者规章规定,并由行政机关依照本法规定的程序实施。

其二,法律遵守的客体。守法的客体是遵守宪法和法律。首先,要遵守宪法。全国各族人民、一切国家机关和武装力量、各政党和各人民团体、各企业事业组织都必须以宪法为根本的活动准则,并且负有维护宪法尊严、保证宪法实施的职责。任何组织或者个人,都不得有超越宪法法律的特权。一切违反宪法法律的行为,都必须予以追究。其次,要遵守法律,这里的法律应该做广义理解,包含了法律、法规、规章、条例、准则等各个层级的法。

其三,法律遵守的内容。守法的内容是宪法和法律规定的权利和义务。一般我们往往强调遵守法律的义务,而弱化了遵守法律的权利。实际上,权利比义务更为重要,只有为权利而斗争,才能更加遵守法律的责任和义务。

二、法律遵守中存在的问题

法律遵守中往往存在两个方面的错误倾向。一个是"法不责众"心态,另一个是"怠于行使权利"心态。

就法不责众而言,经常会听到这么一个词语,叫"中国式的……",如"中国式过马路",当看到大家都闯红灯时,自己也开始大摇大摆地闯红灯,甚至认为闯红灯是正确的,而不闯红灯则是"异类"。这背后折射出法不责众的心态,因为当集体违法的时候,该处罚谁就是一个问题,最后的解决办法就是不了了之,集体免责。

与法不责众相对应的,是"怠于行使权利"心态。迪士尼乐园禁止携带零食,尽管园里的食物确实贵得有点"离谱",但大多数消费者不愿维权。2019年年初,华东政法大学大三学生小王携带不到50元的零食进入上海迪士尼乐园时被园方工作人员翻包检查,要么吃掉,要么扔掉,要么花80元寄存费寄存。虽然小王打了110、12345、12315,但是给回复是"'禁止携带食物'这个规定是迪士尼乐园制定的,符合法律规定"。小王认为,在购买门票时,并未见到有"禁带食物"等相关提示。也未收到园方工作人员"不得携带入园的物品中包括食物"的相关提示。于是一纸诉状将迪士尼诉至法院,要求:(1)迪士尼乐园禁止游客携带食品入园的格式条款无效。(2)赔偿小王的食物损失。2019年9月12日,原被告双方达成调解协议。食品损失46.30元,迪士尼补偿50元。

实际上,这则案例发生后,有人做过调查,尽管很多消费者对迪士尼相关规则不满,但提到"起诉"时,大家都选择"算了""太麻烦",这就是个体对利益损失不大的时候"怠于行使权利"的心态。

"法不责众"与"怠于行使权利"是一个硬币的两个方面,这两种现象均反映出行为人的守法方式为被动守法。而在当代,全面依法治国理念已经深入人心,法治观念应包含权利和义务,公民更应该注重权利保护意识。强调主动守法,严格执法。

第十一讲
中国特色社会主义法律体系的提出和形成[①]

一、开启民主法制建设

1978年12月22日,党的十一届三中全会提出:"为了保障人民民主,必须加强社会主义法制,使民主制度化、法律化,使这种制度和法律具有稳定性、连续性和极大的权威,做到有法可依,有法必依,执法必严,违法必究。从现在起,应当把立法工作摆到全国人民代表大会及其常务委员会的重要议程上来。宪法规定的公民权利,必须坚决保障,任何人不得侵犯。要保证人民在自己的法律面前人人平等,不允许任何人有超于法律之上的特权。"自此,我国开启了探索和加强社会主义民主法制建设道路,逐步提出并形成中国特色社会主义法律体系。

二、建立社会主义市场经济法律体系

这一阶段从1978年底至1997年9月党的十五大召开。这一期间,主要强调三个重要方面的内容。

第一,强调加强民主法制建设,初步提出法律体系问题。1978年底以后,党和国家在强调加强社会主义民主法制建设时,初步提出法律体系的问

[①] 本讲根据高民权、万一:《中国特色社会主义法律体系的提出和形成》改编,中国人大网,2010年12月29日。

题,强调民主与法制相结合。鉴于当时法律数量不多,提出国家要加快立法步伐,集中力量制定刑法、民法、诉讼法和其他各种必要的法律,这段时期有三部法律尤影响深远:1979年《刑法》、1982年《宪法》和1984年《民法通则》的制定,为中国特色社会主义法制建设打下了基础,《民法通则》至今部分条款仍在适用,而现行宪法即为1982年宪法。1982年9月6日,彭真同志在全国经济法制工作经验交流会上的讲话中提出了"法的体系"这一概念。1982年12月,全国人大常委会提出:"立法要从我国的实际情况出发,按照社会主义法制原则,逐步建立有中国特色的独立的法律体系。"

第二,建立比较完备的经济法规体系。为了适应改革尤其是经济体制改革的需要,1984年10月,党的十二届三中全会提出要加快以城市为重点的整个经济体制改革的步伐,基本任务就是建立起具有中国特色的充满生机和活力的社会主义经济体制。社会主义的国家机构必须通过计划和经济的、行政的、法律的手段对企业进行必要的管理、检查、指导和调节。1985年9月23日,党中央提出:"必须十分重视经济立法和经济司法工作,……力争'七五'期间建立起比较完备的经济法规体系,逐步使各项经济活动都能有法可依,并且真正做到有法必依、执法必严。"这一时期,我们制定了全民所有制工业企业法、企业破产法、中外合作经营企业法、外资企业法等规范市场主体行为的法律规范。

第三,实行社会主义市场经济,建立社会主义市场经济法律体系。1992年,党和国家提出实行社会主义市场经济、建立社会主义市场经济体制之后,提出要建立社会主义市场经济法律体系。1992年初,邓小平同志指出:"要坚持两手抓,一手抓改革开放,一手抓打击各种犯罪活动。这两只手都要硬。……还是要靠法制,搞法制靠得住些。"1992年10月,党的十四大报告提出:"加强立法工作,特别是抓紧制订与完善保障改革开放、加强宏观经济管理、规范微观经济行为的法律和法规,这是建立社会主义市场经济体制的迫切要求。"1993年3月29日,八届全国人大一次会议通过的《宪法修正案》规定:"国家实行社会主义市场经济。"1993年11月14日,党中央指出,要"遵循宪法规定的原则,加快经济立法,进一步完善民商法律、刑事法律、有关国家机构和行政管理方面的法律,本世纪末初步建立适应社会主义市场经济体制的法律体系"。从1993年3月到1998年2月,八届全国人大及其常委会通过了40多部有关市场经济的法律,如公司法、票据法、保险法等,初步建立社会主义市场经济的法律体系,到1996年底1997年初,社会主义市场经济法律体系框架已初具规模。

三、实行依法治国方略,形成中国特色社会主义法律体系

这一阶段从1996年起直到现在。1996年2月8日,江泽民同志在中共中央举办的法制讲座上讲话时明确提出"实行和坚持依法治国",这是我们党首次提出这一治国理政方式。1997年9月,党的十五大报告提出要进一步扩大社会主义民主,健全社会主义法制,依法治国,建设社会主义法治国家。发展民主必须同健全法制紧密结合,实行依法治国。"加强立法工作,提高立法质量,到二〇一〇年形成有中国特色社会主义法律体系。"这是党中央第一次正式提出要形成"有中国特色社会主义法律体系"。1999年,九届全国人大二次会议通过的宪法修正案,正式将"中华人民共和国实行依法治国,建设社会主义法治国家"载入宪法。

2000年3月,九届全国人大三次会议通过的《立法法》,2001年国务院发布的《行政法规制定程序条例》《规则制定程序条例》进一步推动了依法行政、依法治国进程。为了履行加入世界贸易组织的承诺,我国大规模开展法律法规清理修订工作,中央政府清理法律法规和部门规章2 300多件,地方政府清理地方性政策和法规19万多件,全国人大及其常委会还及时修改了中外合资企业法、中外合作企业法、外资企业法、多个与知识产权有关的法律、海关法、保险法等,进一步完善了我国扩大对外开放的法律环境。

2002年,党的十六大报告提出:"……适应社会主义市场经济发展、社会全面进步和加入世贸组织的新形势,加强立法工作,提高立法质量,到二〇一〇年形成中国特色社会主义法律体系。"2003年3月10日,李鹏同志指

出:"在前几届工作的基础上,经过不懈努力,构成中国特色社会主义法律体系的各个法律部门已经齐全,每个法律部门中主要的法律已经基本制定出来,加上国务院制定的行政法规和地方人大制定的地方性法规,以宪法为核心的中国特色社会主义法律体系已经初步形成。"

2003年10月,党中央提出:"按照依法治国的基本方略,着眼于确立制度、规范权责、保障权益,加强经济立法。"并提出要完善市场主体和中介组织、产权、市场交易、预算、税收、金融和投资、劳动、就业和社会保障、社会领域和可持续发展等方面的法律制度。

2004年9月15日,胡锦涛在首都各界纪念全国人民代表大会成立50周年大会上讲话时说,改革开放以来,全国人大制定了现行宪法和4个宪法修正案,全国人大及其常委会制定了200多件现行有效的法律,国务院制定了650多件现行有效的行政法规,地方人民代表大会及其常务委员会制定了7 500多件现行有效的地方性法规,民族自治地方的人民代表大会制定了600多件自治条例和单行条例,"以宪法为核心的中国特色社会主义法律体系初步形成,有力地推动和保障了改革开放和社会主义现代化建设的顺利进行"。

2006年10月11日,党中央提出要完善法律制度,夯实社会和谐的法治基础,"坚持科学立法、民主立法,完善发展民主政治、保障公民权利、推进社会事业、健全社会保障、规范社会组织、加强社会管理等方面的法律法规"。2007年10月,党的十七大报告提出:"中国特色社会主义法律体系基本形成。"

2011年3月14日,全国人大常委会工作报告宣布:以宪法为统帅,以宪法相关法、民法商法等多个法律部门的法律为主干,由法律、行政法规、地方性法规等多个层次的法律规范构成的中国特色社会主义法律体系已经形成,国家经济建设、政治建设、文化建设、社会建设以及生态文明建设的各个方面实现有法可依,党的十五大提出到2010年形成中国特色社会主义法律体系的立法工作目标如期完成。

四、中国特色社会主义法律体系的特点

第一,在中国共产党领导下,实行社会主义制度;第二,坚持从我国基本国情出发,坚持以人为本,坚持实事求是,按照党和国家的战略部署和重大决策,适应经济社会发展的客观需要,来制定法律法规或修改法律法规;第三,中国特色社会主义法律体系是以宪法为统帅,法律为主干,包括行政法规、地方性法规、自治条例和单行条例等规范性文件在内的由七个法律部门、三个层次的法律规范组成的统一整体;第四,中国特色社会主义法律体系是协调统一的有机整体,不能在国家法律体系之下或以外,再搞自己部门或专门委员会的"法律体系";第五,中国特色社会主义法律体系是动态的、开放的、发展的,而不是静止的、封闭的、一成不变的;第六,不能用西方的法律体系来套我们的法律体系。

第十二讲
宪法是国家根本大法

"宪法"一词最早在《集韵·去愿》中有记载:"《周礼》:悬法示人曰宪法。后人因谓宪为法。"《国语·晋语九》中记载:"赏善罚奸,国之宪法也。"在商周时代就出现了"国家宪法"四字的甲骨文符号。"宪",甲骨文中字形含有"目",后期篆文加了"心"。本义是喜悦、聪明。后多用于形容"法令、规范"等的正确性。"法",甲骨文字形右边是独角神兽,传说能"触不直(无理)者以去之",字左为"水",字下部为"去",本义是"法律、法令"。"国家宪法"的甲骨文字面意思直译即为:一国之内,所有家庭都应该遵从的正确性、根本性的法令。[①]

一、宪法历史沿革

新中国成立后,我们一共制定过 1954 年、1975 年、1978 年和 1982 年这四部宪法。1954 年宪法是第一部宪法,1982 年 12 月 4 日五届全国人大五次会议通过的现行宪法,自 2014 年起,每年的 12 月 4 日为宪法宣传日。

党的十一届三中全会开启了改革开放历史新时期,发展社会主义民主、健全社会主义法制成为党和国家坚定不移的方针。我国现行宪法即 1982 年宪法就是在这个历史背景下产生的。随着党领导人民建设中国特色社会主

[①] 乔木文化夜谈:《宪法是国家的根本大法,关于其定义,看看祖先造甲骨文时的解释》,《百家号》,2018 年 3 月 19 日。

义实践的发展而不断完善发展。现行宪法经历了 1988 年、1993 年、1999 年、2004 年、2018 年的五次修订。

1988 年宪法修正案：肯定了私营经济是社会主义公有制的补充；确立了我国新的土地使用制度。1993 年宪法修正案：将"我国正处于社会主义初级阶段""建设有中国特色社会主义的理论"和"坚持改革开放"等提法写进宪法序言。提出"社会主义市场经济"、确立"家庭联产承包为主的责任制"、县级人大每届任期改为 5 年。1999 年宪法修正案：将"邓小平理论"的内容写进宪法序言，将"依法治国，建设社会主义法治国家"写入宪法，确立了非公有制经济在社会主义市场经济中的地位，规定"农村集体经济组织实行家庭承包经营为基础、统分结合的双层经营体制"。2004 年宪法修正案：将国家的土地征用制度修改为"国家为了公共利益的需要，可以依照法律规定对土地实行征收或者征用并给予补偿"，将国家对非公有制经济的规定修改为"国家保护个体经济、私营经济等非公有制经济的合法的权利和利益。国家鼓励、支持和引导非公有制经济的发展，并对非公有制经济依法实行监督和管理"，"公民的合法的私有财产不受侵犯""国家尊重和保障人权"写入宪法。

二、2018 年宪法修正案

2018 年 3 月，十三届全国人大一次会议根据党的十九届二中全会提出的建议，审议通过了《中华人民共和国宪法修正案》。这次修正案，主要在以下十一个方面做了修改，通过本次宪法修正，党的十九大确定的重大理论观点和重大方针政策，党和国家事业发展的新成就、新经验、新要求，载入国家根本法。(1)确立科学发展观、习近平新时代中国特色社会主义思想在国家政治和社会生活中的指导地位。(2)调整充实中国特色社会主义事业总体布局和第二个百年奋斗目标的内容。(3)完善依法治国和宪法实施举措。(4)充实完善我国革命和建设发展历程的内容。(5)充实完善爱国统一战线和民族关系的内容。(6)充实和平外交政策方面的内容。(7)充实坚持和加强中国共产党全面领导的内容。(8)增加倡导社会主义核心价值观的内容。(9)修改国家主席任职方面的有关规定。(10)增加设区的市制定地方性法规的规定。(11)增加有关监察委员会的各项规定。

回顾党领导的宪法建设史,可以得出这样几点结论:一是制定和实施宪法,推进依法治国,建设法治国家,是实现国家富强、民族振兴、社会进步、人民幸福的必然要求。二是我国现行宪法是在深刻总结我国社会主义革命、建设、改革的成功经验基础上制定和不断完善的,是党领导人民长期奋斗的历史逻辑、理论逻辑、实践逻辑的必然结果。三是只有中国共产党才能坚持立党为公、执政为民,充分发扬民主,领导人民制定出体现人民意志的宪法,领导人民实施宪法。四是党高度重视发挥宪法在治国理政中的重要作用,坚定维护宪法尊严和权威,推动宪法完善和发展,这是我国宪法保持生机活力的根本原因所在。宪法作为上层建筑,一定要适应经济基础的变化而变化。

三、宪法地位

我国宪法实现了党的主张和人民意志的高度统一,具有显著优势、坚实基础、强大生命力。我国宪法确立了中国特色社会主义道路、中国特色社会主义理论体系、中国特色社会主义制度、中国特色社会主义文化的发展成果,反映了我国各族人民的共同意志和根本利益,成为党和国家的指导思想、中心工作、基本原则、重大方针、重要政策在国家法制上的最高体现。宪法至上地位主要体现在其特有的作用、效力和内容等方面。

(一)我国宪法是国家的根本法,是治国安邦的总章程,是党和人民意志的集中体现

我国现行宪法颁布以来,在坚持中国共产党领导,保障人民当家作主,促进改革开放和社会主义现代化建设,推动社会主义法治国家建设进程,维护国家统一、民族团结、社会稳定等方面发挥了有力的推动作用。实践证

明,我国现行宪法是符合国情、符合实际、符合时代发展要求的好宪法,是充分体现人民共同意志、充分保障人民民主权利、充分维护人民根本利益的好宪法,是推动国家发展进步、保证人民创造幸福生活、保障中华民族实现伟大复兴的好宪法,是始终沿着中国特色社会主义道路前进的根本法治保障。维护宪法尊严和权威,是维护国家法制统一、尊严、权威的前提,也是维护最广大人民根本利益、确保国家长治久安的重要保障。

(二)我国宪法是国家各项制度和法律法规的总依据

宪法在中国特色社会主义法律体系中居于统帅地位。宪法确立了社会主义法制的基本原则,明确规定中华人民共和国实行依法治国,建设社会主义法治国家,国家维护社会主义法制的统一和尊严。我国宪法具有最高的法律地位、法律权威、法律效力,具有根本性、全局性、稳定性、长期性。

1. 在效力上,宪法的法律效力最高

2018年8月24日,习近平总书记在中央全面依法治国委员会第一次会议上指出,依法治国首先要坚持依宪治国,依法执政首先要坚持依宪执政。党领导人民制定宪法法律,领导人民实施宪法法律,党自身必须在宪法法律范围内活动。任何公民、社会组织和国家机关都必须以宪法法律为行为准则,依照宪法法律行使权利或权力,履行义务或职责,都不得有超越宪法法律的特权,一切违反宪法法律的行为都必须予以追究。宪法是制定普通法律的依据,任何普通法律、法规都不得与宪法的原则和精神相违背;宪法又是一切国家机关、社会团体和全体公民的最高行为准则。

2. 在制定和修改的程序上,宪法比其他法律更为严格

宪法的修改,由全国人民代表大会常务委员会或者五分之一以上的全国人民代表大会代表提议,并由全国人民代表大会以全体代表的三分之二以上的多数通过。法律和其他议案由全国人民代表大会以全体代表的过半数通过。

(三)我国宪法规定了国家的根本制度

我国宪法确立了中国共产党的领导地位,规定了国家的根本任务、领导

核心、指导思想、基本原则、发展道路、奋斗目标。我国宪法确立了国体、政体、根本制度、基本政治制度、基本经济制度、分配制度等各方面的重要制度。

第十三讲
我国宪法的基本原则

宪法的基本原则是贯穿于宪法规范始终,对宪法的制定、修改、实施、遵守等环节起指导作用的基本准则。我国宪法的基本原则集中反映了规范权力运行、保障公民权利的基本精神,体现了社会主义法治的根本性质,主要有以下几个方面。

一、党的领导原则

《宪法》第一条规定,中国共产党领导是中国特色社会主义最本质的特征。中国共产党是中国特色社会主义事业的领导核心。党的领导是人民当家作主的根本保证,是中国特色社会主义最本质的特征,是中国特色社会主义制度最大优势。

"党政军民学,东西南北中,党是领导一切的。"党的领导是全党统一意志、团结一致的力量体现。2018年修正案,我国宪法对中国共产党领导地位和执政地位的规定,既是对中国共产党领导人民在革命、建设、改革各个历史时期奋斗成果的确认,也是对国家性质和根本制度的确认,集中体现了党的主张和人民意志的高度统一。

第一,为什么是中国共产党领导?这与中国"底子薄""人口多"的国情有关。所谓"底子薄",是指从社会经济发展整体水平上看,我国目前仍属于发展中国家。这一国情决定了我们国家在现阶段的基本任务是发展、改革,尽快实现中华民族伟大复兴,尽快把中国建设成富强民主文明美丽和谐的社会主义现代化国家。为了实现这一任务,我们离不开中国共产党的领导。所谓"人口多,耕地少",是指在生产力还不够发展的条件下,首先要解决吃饭、教育和就业问题等基本民生问题,而社会的稳定和国家、人民的凝聚力是第一要务。为此,我们需要对国家的集中管理。

中国共产党为什么能领导？第一,只有中国共产党才能救中国。中国共产党将马克思主义基本原理与中国实际相结合,带领人民完成了新民主主义革命,实现了民族独立和人民解放,建立了新中国。七十年来,中国共产党领导着一个13亿人口的大国,从一穷二白到开创和发展中国特色社会主义。第二,中国共产党以"全心全意为人民服务"为根本宗旨。我们党把人民拥护不拥护、赞成不赞成、高兴不高兴、答应不答应,作为评判各项政策成败得失的根本依据。第三,大一统的思想。中国自古以来蕴含着大一统的思想,但因地方习俗、宗教文化、民族认同、自然条件、发展程度等因素,造成了中国的差异性和多样性,这就必须有一支能超越民族、宗教、习俗、地域的强有力的政治力量存在,这只有中国共产党。

二、人民主权原则

主权是指国家的最高权力。在我国,人民当家作主是社会主义民主政治的本质和核心。我国宪法体现了人民主权原则,强调国家的一切权力属于人民。比如,宪法通过确认我国人民民主专政的国体,保障了广大人民群众在国家中的主人翁地位;通过确认以公有制为主体、多种所有制经济共同发展的基本经济制度,为人民当家作主奠定了经济基础;通过确认人民代表大会制度的政体,为人民当家作主提供了组织保障;通过确认广大人民依照法律规定,通过各种途径和形式,管理国家事务,管理经济和文化事业,管理社会事务的权利,把人民当家作主贯彻于国家和社会生活各个领域。除了宪法,宪法相关法中也有具体规定,如《中华人民共和国全国人民代表大会和地方各级人民代表大会选举法》规定,全国人民代表大会和地方各级人民代表大会的代表应当具有广泛的代表性,应当有适当数量的基层代表,特别是工人、农民和知识分子代表;应当有适当数量的妇女代表,并逐步提高妇女代表的比例。以十三届全国人大代表为例,包括了一线工人、农民代表、专业技术人员、妇女代表等,充分体现了民主的广泛性。

三、尊重和保障人权原则

党的十五大、十六大都明确地提出了"尊重和保障人权",2004年第四次宪法修正把"国家尊重和保障人权写入宪法",对公民的基本权利和自由作出全面规定,依法保障公民的生存权和发展权,这是社会主义制度的本质要求,有利于推进我国社会主义人权事业的发展。我国宪法规定公民享有人身权、财产权、社会保障权、受教育权等权利和宗教信仰、言论出版、集会结社、游行示威等自由。由于国家机关和国家工作人员侵犯公民权利而受到损失的人,有依照法律规定取得赔偿的权利。

【案例】

《国家人权行动计划》对宪法权利的落实

2004年宪法修正案正式将国家尊重和保障人权写入宪法,制定国家人权行动计划是中国政府落实尊重和保障人权宪法原则的一项重大举措。2009年制定的《国家人权行动计划(2009－2010)》落实了国家尊重和保障人权宪法原则。2012年制定的《国家人权行动计划(2012－2015)》将中国人权保障体系调整为包括工作权利、基本生活水准权利、社会保障权利、健康权利、受教育权利、文化权利、环境权利等在内的经济、社会和文化权利保障;包括人身权利、被羁押人的权利、获得公正审判的权利、宗教信仰自由、知情权、参与权、表达权、监督权等权利和自由在内的公民权利与政治权利保障等内容在内的新的人权保障体系;2016年《国家人权行动计划(2016－2020

年)》规定了包括工作权利、基本生活水准权利、社会保障权利、健康权利、受教育权利、文化权利、环境权利等在内的经济、社会和文化权利保障;人身权利、获得公正审判的权利、宗教信仰自由、知情权和参与权、表达权和监督权等公民权利和政治权利;少数民族权利、妇女权利、儿童权利、老年人权利、残疾人权利等特定群体权利等内容在内的人群保障体系。迄今,我国已制定了第三个人权计划,这也是中国政府信守人权领域的庄严承诺、落实尊重和保障人权的宪法原则、全面推进中国人权事业发展的一项重大举措。

四、社会主义法治原则

1999年第三次宪法修正案提出中华人民共和国实行依法治国,建设社会主义法治国家,在宪法上确立了法治原则。社会主义法治原则要求坚持宪法法律至上、法律面前人人平等,推进国家各项工作法治化,维护社会公平正义,维护社会主义法制的统一、尊严、权威。任何组织和个人都要在宪法和法律范围内活动,一切违法行为都应受到法律的追究。

【案例】

法治应当是良法与善治的结合[①]

《中共中央关于全面推进依法治国若干重大问题的决定》指出,法律是治国之重器,良法是善治之前提。良法善治是全面依法治国、实现国家治理体系和治理能力现代化的必然选择。作为法治基础的法律,首先应当是良法。亚里士多德指出:"法治应包含两重含义:已成立的法律获得普遍的服从,而大家所服从的法律又应该是本身制定得良好的法律。"

"良法"包括法律形式合理性与实质合理性,其核心在于强调法律必须体现理性、表达公意、维护公益和保障人权。良法主要是从立法角度出发,

---

① 参见戴建华:《法治应当是良法与善治的结合》,《学习时报》,2019年9月18日。

要求法律制定完备严密,合乎社会发展客观规律,符合公平、正义、自由、平等、民主、人权、秩序、安全等价值要求;要恪守以民为本、立法为民理念,贯彻社会主义核心价值观;要符合宪法精神、反映人民意志、得到人民拥护。在我国,法律应当捍卫权利和自由、制裁犯罪、维护正义,尤其是彰显人性尊严、人权保障、自由平等、民主法治、公平正义等现代政治价值。

善治反映了实质法治主义的价值追求,强调要把制定良好的法律付诸实施,尊重宪法和法律的权威,严格依法办事,同时又不机械执法,善于根据法律原则和法治精神创造性地运用衡平的方法适用法律,从而弥补法律局限性。善治以社会公平正义为圭臬,强调在法律实施中不仅注重原则上的统一性,而且要注重不同适用对象的特殊性,做到同样情况同样处理,不同情况不同处理。善治是以法治的可预期性、可操作性、可救济性、可持续性等优势来凝聚转型时期的社会共识,使不同利益主体求同存异,依法追求和实现自身利益最大化,努力推动形成办事依法、遇事找法、解决问题用法、化解矛盾靠法的良好法治环境,在法治轨道上推动国家治理现代化。

五、民主集中制原则

我国宪法规定,国家权力统一由全国人民代表大会和地方各级人民代表大会行使,全国人民代表大会和地方各级人民代表大会由民主选举产生,对人民负责,受人民监督。广大人民的共同意志通过民主形式集中起来,并通过法定程序上升为国家意志。国家行政机关、监察机关、审判机关、检察机关都由人民代表大会产生,对它负责,受它监督。中央和地方国家机构职权的划分及其活动,遵循在中央统一领导下,充分发挥地方的主动性、积极性的原则。此外,党内政治生活原则上也贯穿着民主集中制,《关于新形势下党内政治生活的若干准则》明确指出"民主集中制是党内政治生活正常开展的重要制度保障",阐明了党内政治生活的原则,凸显了民主集中制在党内政治生活中的地位和作用。

我们实行的民主集中制,是又有集中又有民主、又有纪律又有自由、又有统一意志又有个人心情舒畅生动活泼的制度,是民主和集中紧密结合的制度。民主是正确集中的前提和基础,离开民主讲集中,集中就是无源之水、无本之木,就是假的、空的、错误的,就会出现家长制或个人专权专断。集中是民主的必然要求和归宿,离开集中搞民主,只会导致极端民主化和无政府状态,什么事情也干不成。

民主集中制是科学合理而又有效率的制度,也是我们党最大的制度优势。坚持民主基础上的集中,关键是要维护党中央权威和集中统一领导。党的十八大以来,党中央鲜明强调"四个意识""两个维护",全党上下团结一心、步调一致,解决了许多长期想解决而没有解决的难题,办成了许多过去想办而没有办成的大事,消除了党和国家内部存在的严重隐患,推动党和国家事业取得历史性成就、发生历史性变革。

第十四讲
我国宪法确立的制度

一、国体和根本政治制度

国体即国家性质,是国家的阶级本质,是指社会各阶级在国家生活中的地位和作用。我国宪法规定:"中华人民共和国是工人阶级领导的、以工农联盟为基础的人民民主专政的社会主义国家。"人民民主专政是我国的国体。

为了保证人民当家作主,我国宪法规定了人民代表大会制度这项根本政治制度。依照宪法,人民行使国家权力的机关是全国人民代表大会和地方各级人民代表大会。全国人民代表大会是最高国家权力机关,地方各级人民代表大会是地方各级国家权力机关,各级人大都由民主选举产生,对人民负责,受人民监督;国家行政机关、监察机关、审判机关、检察机关由人民代表大会产生,对人大负责,受人大监督。人民代表大会制度的建立,便于人民群众行使管理国家事务、管理经济和文化事业、管理社会事务的各项权力。

人民代表大会制度能够有效保证人民享有更加广泛、更加充实的权利和自由,保证人民广泛参加国家治理和社会治理;能够有效调节国家政治关系,形成安定团结的政治局面;能够集中力量办大事,有效促进社会生产力解放和发展;能够有效维护国家独立自主,维护中国人民和中华民族的福祉,是人民当家作主的根本途径和最高实现形式,鲜明体现了中国特色社会主义民主政治的特点和优势。

二、基本政治制度

我国宪法确立的基本政治制度,主要有中国共产党领导的多党合作和政治协商制度、民族区域自治制度和基层群众自治制度。

(一)中国共产党领导的多党合作和政治协商制度

我国宪法规定:"中国共产党领导的多党合作和政治协商制度将长期存在和发展。"这一制度符合中国国情,反映了中国共产党同各民主党派长期共存、互相监督、肝胆相照、荣辱与共的关系。共产党领导、多党派合作,共产党执政、多党派参政是中国共产党领导的政党制度的基本特色,也是我国政治制度的一大优势。

2007年国务院新闻办公室发表《中国的政党制度》白皮书,明确指出,"选举民主与协商民主相结合,是中国社会主义民主的一大特点。"协商民主保证了人民在日常政治生活中有广泛持续深入参与的权利,具有广泛、多层、制度化的特点。协商民主包括了政党协商、人大协商、政府协商、政协协商、人民团体协商、基层协商、社会组织协商,其中人民政协协商是社会主义协商民主的重要渠道和专门协商机构。要发挥人民政协作为协商民主的重要渠道作用,重点推进政治协商,民主监督,参政议政制度化、规范化、程序化;要发挥统一战线在协商民主中的重要作用,完善中国共产党同各民主党派的政治协商,认真听取各民主党派和无党派人士意见。

(二)民族区域自治制度

1947年5月,中国第一个省级自治区——内蒙古自治区成立。1949年9月,《中国人民政治协商会议共同纲领》对民族区域自治区做了明确规定。1952年2月,中央人民政府颁布了《中华人民共和国民族区域自治区实施纲要》。我国宪法规定,中华人民共和国是全国各族人民共同缔造的统一的多民族国家。民族区域自治制度是中国共产党和各族人民的一个伟大创造。

民族区域自治制度体现了国家的集中统一和民族区域自治的正确结合,体现了全国各民族人民的共同利益和少数民族特殊利益的正确结合。

当前,我国55个少数民族人口总数不到全国总人口的十分之一,分布在占全国总面积50%—60%的地区,我国2万多公里的陆地边防线几乎都在少数民族地区。执行正确的民族政策,可以促进民族团结,保证国家的统一,有利于加强边疆建设和巩固国防。按照民族区域自治制度,我国的民族自治地方分为省一级的自治区,地区一级的自治州,县一级的自治县或旗。除这三级外,还有乡一级的民族乡。民族自治地方除了享有一般地区的权利外,还享有法律赋予的自治权利。它可以保证少数民族当家作主,更好地管理本民族的内部事务;促进少数民族地区尽快地发展,促进全国各民族的共同繁荣昌盛。

(三)基层群众自治制度

我国宪法规定,城市和农村按居民居住地区设立的居民委员会或者村民委员会是基层群众性自治组织。基层群众自治制度是城乡基层群众在党的领导下,依法直接行使民主权利,管理基层公共事务和公益事业,实行自我管理、自我服务、自我教育、自我监督的一项基本政治制度。它是基层民主的主要实现形式,是人民当家作主最有效、最广泛的途径。基层群众自治是非国家政权层面的社会自治,基层群众自治组织同基层政权的关系是由法律规定的。

基层群众自治包括民主选举、民主决策、民主管理、民主监督四个方面。民主选举是基层群众自治的前提,即村民(居民)委员会的主任、副主任、委员均由社区内的村(居)民通过选举产生,任何组织或个人不能指定或者委派。每届村民(居民)委员会成员任期三年,任期届满必须进行换届选举。民主决策是基层群众自治的关键环节,即涉及社区内全体村(居)民切身利益的事项,由村民(居民)群众遵照一定的程序进行集体讨论,并按照多数人的意见做出决定。村民(居民)会议、村民(居民)代表会议是广大人民群众进行民主决策的重要形式和途径。民主管理是基层群众自治的根本体现,即涉及社区内村民(居民)切身利益的事情,不仅要由村民(居民)集体讨论决定,而且村民(居民)委员会要充分发扬民主,认真听取村民(居民)意见,调动村民(居民)积极参与社区事务管理。民主监督是基层群众自治的重要环节和保证,即社区内的村民(居民)通过村务(居务)公开、民主评议村民(居民)委员会并向村民(居民)委员会定期报告工作等形式,对村民(居民)委员会的工作或者社区内的各项公共事务和公益事业实行监督,以保证民主决策和民主管理的落实。①

(四)基本经济制度

社会主义公有制是我国经济制度的基础。全民所有制和劳动群众集体所有制是我国社会主义公有制的两种基本形式。我国宪法规定:"中华人民共和国的社会主义经济制度的基础是生产资料的社会主义公有制,即全民所有制和劳动群众集体所有制。社会主义公有制消灭人剥削人的制度,实行各尽所能、按劳分配的原则。"分配制度上"国家在社会主义初级阶段,坚持公有制为主体、多种所有制经济共同发展的基本经济制度,坚持按劳分配为主体、多种分配方式并存的分配制度"。国家保护个体经济、私营经济等非公有制经济的合法权利和利益。国家鼓励、支持和引导非公有制经济的发展,并对非公有制经济依法实行监督和管理。坚持平等保护物权,形成各种所有制经济平等竞争、相互促进的新格局。

---

① 彭海红:《基层群众自治制度体现人民民主实质》,《红旗文稿》,2018年11月12日。

第十五讲
我国实体法律部门和程序法律部门

依据现行法律规范所调整的社会关系和调整的方法的不同,划分为七大法律部门,即宪法相关法、民商法、行政法、经济法、社会法、刑法、程序法。这七大法律部门又可以分为实体法律部门和程序法律部门,其中前六大法律部门属于实体法律部门。不同的部门法,其蕴含的法价值是不同的,这也是实践中理解相关法律问题的逻辑起点。

一、实体法律部门

(一)宪法相关法

宪法相关法是与宪法相配套、直接保障宪法实施和国家政权运作等方面的法律规范,主要包括国家机构的产生、组织、职权和基本工作原则方面的法律,民族区域自治制度、特别行政区制度、基层群众自治制度方面的法律,维护国家主权、领土完整、国家安全、国家标志象征方面的法律,保障公民基本政治权利方面的法律。

我国制定了全国人民代表大会和地方各级人民代表大会选举法、地方各级人民代表大会和地方各级人民政府组织法等法律,建立了人民代表大会代表和国家机构领导人员选举制度,为保证人民当家作主提供了制度保障,为国家机构的产生提供了合法基础;制定了全国人民代表大会组织法、国务院组织法、人民法院组织法、人民检察院组织法等法律,建立了有关国家机构的组织、职权和权限等方面的制度；制定了香港特别行政区基本法、澳门特别行政区基本法，建立了特别行政区制度，保持了香港、澳门的长期繁荣和稳定；制定了居民委员会组织法和村民委员会组织法，建立了城乡基层群众自治制度；制定了缔结条约程序法、领海及毗连区法、专属经济区和大陆架法、反分裂国家法和国旗法、国徽法、国歌法等法律，建立了维护国家主权和领土完整的法律制度，捍卫了国家的根本利益；制定了集会游行示威法、国家赔偿法等法律以及民族、宗教、信访、出版、社团登记方面的行政法规，保障了公民基本政治权利。

(二)民法商法

民法主要是调整平等主体的公民之间、法人之间、公民和法人之间的财产关系和人身关系的法律规范。平等性是民法的核心，由此延伸为平等、公平、诚信等原则。《民法总则》是民法商法中的基本法，在民法典中起统领性作用。民法总则规定民事活动必须遵循的基本原则和一般性规则，对民法基本原则、民事主体、民事权利、民事法律行为、民事责任和诉讼时效等做了规定。2017年10月，我国《民法总则》正式施行，2020年5月28日第十三届全国人民代表大会、第三次会议通过《民法典》，将物权、合同债权、人格权、婚姻家庭中的权利（亲属权）、继承权以及侵权责任整合，成为中国第一部《民法典》。

商法是调整平等主体之间商事关系的法律规范，它遵循民法原则，同时秉承保障商事交易自由、等价有偿、便捷安全等原则，商法包括了商事主体制度和商事行为制度。我国商法有证券法、票据法、保险法、合伙企业法、公司法等。

商法是与民法并列并互为补充的部门法，但二者调整领域不同，民法调整的对象涉及生活的方方面面，商法只调整流通领域；二者立法目的也不同，民法追求的是社会的公平、公正，商法注重交易的安全。

(三)经济法

经济法是指从国家社会整体利益出发，对经济活动实行干预、管理或者调控的法律规范,是国家对市场经济进行适度干预和宏观调控的法律手段和制度框架,旨在防止市场经济的自发性和盲目性所导致的弊端。我国经济法涵盖经济活动实施宏观调控和管理、税收制度、金融行业的安全运行监督管理、保障农业发展和国家粮食安全、重要行业实施监督管理和产业促进、规范重要自然资源的合理开发和利用、促进能源的有效利用和可再生能源开发、保障市场主体之间的公平有序竞争等方面。如个人所得税法、铁路法、民用航空法、土地管理法等都属于经济法。

商法和经济法均属于与经济有关的法律,二者存在以下三方面区别。第一,调整对象不同。商法主要平衡商人之间利益关系,而经济法则要平衡国家与公民、国家与企业(商人)之间的社会关系,国家起到调控作用。第二,调整内容不同。商法主要规范商人和其他经营者法律地位、组织形式、商事交易行为规则和行为后果等,而经济法主要调整商事活动中商事主体的竞争行为规范、竞争规则以及政府如何对不正当竞争行为和垄断行为进行调整,以维护正常的经济运行环境和运行条件,如反不正当竞争、消费者权益保护等。第三,法价值追求不同。商法侧重维护商人营利性要求;而经济法则更注重平衡个体利益与社会利益。

(四)社会法

社会法是调整劳动关系、社会保障、社会福利和特殊群体利益保障等方面的法律规范,遵循公平和谐与国家适度干预原则,通过国家和社会积极履行责任,对劳动者、失业者、丧失劳动能力的人以及其他需要扶助的特殊人群的权益提供必要的保障,维护社会公平、促进社会和谐。我国社会法包含了基本劳动制度、安全生产、职业病预防制度、促进就业和解决劳动争议的制度、社会公益事业发展和管理的制度、工会制度、保险制度等方面。社会法主要是倾斜立法,因为一方主体是企业、用工单位,另一方主体是个人,国家在规范权利时向个人倾斜。如《劳动法》对离职的规定,用人单位辞退员工要提前1个月通知,并承担每满一年支付一个月工资的标准向劳动者支付经济补偿;而员工提出离职,只需要提前一个月通知,无须承担经济补偿。

(五)行政法

行政法是关于行政权授予、行政权的行使以及对行政权的监督的法律规范,调整的是行政机关与相对人之间因行政管理活动发生的关系,遵循职权法定、程序法定、公开公正、有效监督等原则,既保障行政机关依法行使职权,又注重保障公民、法人和其他组织的权利。行政法包含了行政处罚制度、行政复议制度、行政许可制度、行政强制制度等内容。行政法律关系中,一方当事人恒定是行政执法部门,而另一方当事人则是被执法者(行政相对人),他们之间是管理和被管理关系。

(六)刑法

刑法是规定犯罪与刑罚的法律规范,是公民与犯罪分子做斗争的有力武器。因为刑法是我国处罚最严厉的法律,所以,在刑法中贯穿罪行法定、法律面前人人平等、罪行相适应原则。我国刑法规定了犯罪的概念,明确了犯罪构成及其要件,规定了正当防卫、紧急避险等排除社会危害性的行为;规定了刑罚的种类,包括管制、拘役、有期徒刑、无期徒刑、死刑五种主刑以及罚金、剥夺政治权利、没收财产三种附加刑,对于犯罪的外国人可以适用驱逐出境;规定了自首、立功、缓刑、减刑、假释、社区矫正等刑罚制度;规定了危害国家安全罪、危害公共安全罪、破坏社会主义市场经济秩序罪、侵犯公民人身权利和民主权利罪、侵犯财产罪、妨害社会管理秩序罪、危害国防利益罪、贪污贿赂罪、渎职罪和军人违反职责罪 10 类犯罪行为及其刑事责任;规定了背叛国家罪等 460 多个具体罪名。

除宪法相关法,各部门法对行为人意思自治规范由强到弱,分别是刑法、行政法、社会法、经济法、民法商法。因此,民法商法赋予行为人高度意思自治,有法无禁止即可为的法律理念;行政法、刑法等则相反,对于行为人而言,法无规定即禁止。

二、程序法律部门

程序法是规定以保证权利和职权得以实现或行使,义务和责任得以履行的有关程序为主要内容的法律,是正确实施实体法的保障。包括了诉讼与非诉讼程序法。

(一)诉讼法

我国主要有三大诉讼程序法:刑事诉讼法、民事诉讼法、行政诉讼法。

刑事诉讼是人民法院、人民检察院和公安机关在当事人及其他诉讼参与人的参加下,依照法律规定的程序,解决被追诉者刑事责任问题的活动。刑事诉讼法规定一切公民在适用法律上一律平等,尊重和保障人权,人民法院、人民检察院依法独立公正行使审判权、检察权,人民法院、人民检察院、公安机关分工负责、互相配合、互相制约,保证犯罪嫌疑人、被告人获得辩护,未经人民法院依法判决,对任何人不得确定有罪等刑事诉讼的基本原则和制度,并规定了管辖、回避、辩护、证据、强制措施、侦查、起诉、审判、执行等制度和程序,有效保证了刑法的正确实施,保护了公民的人身权利、财产权利、民主权利和其他权利,保障了社会主义建设事业的顺利进行。

民事诉讼是人民法院在当事人和全体诉讼参与人的参加下,依法审理和解决民事纠纷的活动,以及由这些活动所发生的诉讼关系。民事诉讼法确立了当事人有平等的诉讼权利、根据自愿和合法的原则进行调解、公开审判、两审终审等民事诉讼的基本原则和制度,明确了诉讼当事人的诉讼权利和诉讼义务,规范了证据制度,规定了第一审普通程序、第二审程序、简易程序、特别程序、审判监督程序等民事审判程序,还对执行程序、强制执行措施做了明确规定。

行政诉讼是公民、法人和其他组织认为自己的合法权益被行政机关及其工作人员侵犯时,有权依法向人民法院提起行政诉讼,人民法院依法对行政案件独立行使审判权,保障公民的合法权益,促进了行政机关依法行使行政职权。行政诉讼法明确规定,公民、法人和其他组织认为自己的合法权益被行政机关及其工作人员侵犯时,有权依法向人民法院提起行政诉讼,人民法院依法对行政案件独立行使审判权,保障公民的合法权益,促进了行政机关依法行使行政职权。

(二)非诉讼程序法

非诉讼程序法包括了仲裁法、人民调解法、引渡法、海事诉讼特别程序法、劳动争议调解仲裁法、农村土地承包经营纠纷调解仲裁法等法律。

我国制定了仲裁法,规范了国内仲裁与涉外仲裁机构的设立,明确规定仲裁委员会独立于行政机关,从机构设置上保证了仲裁委员会的独立性,明确将自愿、仲裁独立、一裁终局等原则作为仲裁的基本原则,系统规定了仲裁程序。

我国制定了人民调解法,完善人民调解制度,规范人民调解的组织和程序,及时解决民间纠纷,维护社会和谐稳定,明确规定了在当事人自愿、平等的基础上进行调解;不违背法律、法规和国家政策;尊重当事人的权利,不得因调解而阻止当事人依法通过仲裁、行政、司法等途径维护自己的权利等原则。

我国制定了劳动争议仲裁法,规范了仲裁范围、仲裁程序、仲裁独立、仲裁调解等制度,公正及时解决劳动争议,保护当事人合法权益,促进劳动关系和谐稳定。

三、案例分析:《甲的十年》

甲 2008 年高考落榜(实为被丙冒名顶替)后,开始自主创业,摆摊卖小吃。2013 年,甲、乙合伙开了一家名为"好再来"的川味小吃店,经工商登记,并领取了营业执照。2017 年,甲的好友丁推荐甲订购了一批"野味"。该"野味"给甲带来了无限商机,许多食客都是"慕名而来",2018 年,大学生小夏过生日请同学聚餐,吃完该"野味"后,大多数同学上吐下泻,结果检查发现,系食物中毒,甲的餐饮店被工商管理部门查封。戊系甲的员工,因不满甲长期克扣工资,借此举报甲实际上长期进购的"野味"是穿山甲,鉴定机关对野味进行鉴定,发现确是国家二级保护动物穿山甲。于是甲、乙被公安机关逮捕,并被检察机关提起公诉。

该案涉及哪些部门法?

该案主要涉及六大部门法。第一,民法、商法。甲被冒名顶替上大学,侵犯了甲的名誉权;甲、丁之间的购销合同,属于民法调整。甲与乙之间合伙开办的小吃店受合伙企业法调整,属于商法。第二,经济法。好再来餐馆对餐饮的定价是属于价格法调整。第三,行政法。工商行政机关进行执法,查封小吃店,受行政法调整。第四,劳动法。甲与戊形成劳动法律关系,甲克扣戊的工资违反了劳动合同法。第五,刑法。甲、丁非法收购、贩卖国家保护野生动物违反了刑法。第六,诉讼法。甲被公安机关逮捕并被检察机关提起公诉适用于刑事诉讼法。

第十六讲
建设中国特色社会主义法治体系概述

中国特色社会主义法律体系仅指静态意义上的法律规范和法律制度的体系,但法律是一个治理过程,这个过程中不光要有良法,还要有善治,这就要在强调立法和普法的同时,落实执法、司法和守法,建立健全中国特色社会主义法治体系。

一、从依法治国到建设中国特色社会主义法治体系

党的十一届三中全会之后,提出了民主与法制建设。党的十五大提出依法治国基本内涵:"依法治国,就是广大人民群众在党的领导下,依照宪法和法律规定,通过各种形式和途径管理国家事务、管理经济文化事业、管理社会事务,保证国家各项工作都依法进行,逐步实现社会主义民主的制度化、法律化,使这种制度和法律不因领导人的改变而改变,不因领导人看法和注意力的改变而改变。"1999年3月,依法治国的基本方略和奋斗目标被写入宪法:"中华人民共和国实行依法治国,建设社会主义法治国家。"

2002年,党的十六大提出"推进政治体制改革,发展民主,健全法制,依法治国,建设社会主义法治国家,保证人民行使当家作主的权利"的目标,并将"依法治国基本方略得到全面落实,人民的政治、经济和文化权益得到切实尊重和保障"作为小康社会的重要指标,提出"党的领导是人民当家作主和依法治国的根本保证,人民当家作主是社会主义民主政治的本质要求,依

法治国是党领导人民治理国家的基本方略","坚持物质文明和精神文明两手抓,实行依法治国和以德治国相结合"。2004年,国家尊重和保障人权写入宪法,依法执政成为党中央确立的基本执政方式,为贯彻落实依法治国基本方略和党的十六大、十六届三中全会精神,坚持执政为民,全面推进依法行政,建设法治政府,国务院颁布《全面推进依法行政实施纲要》。

党的十七大报告对全面落实依法治国基本方略做了全面部署,"全面落实依法治国基本方略,加快建设社会主义法治国家";提出了社会主义法治的指导思想和政治方向,社会主义法治建设必须坚持以人为本、要立足于经济社会发展推进社会主义法治建设、着力解决"民主法制建设与扩大人民民主和经济社会发展的要求还不完全适应"、法治建设要做到全面协调和统筹兼顾;提出社会主义法治建设的战略思想;重申社会主义法治的基本原则;提出社会主义法治文化建设;提出全面建设小康社会对社会主义民主法制建设的新要求;提出全面实施依法治国基本方略,加快建设社会主义法治国家的新任务、新举措;提出一系列具体权利保障和权利发展问题。

党的十八大报告提出,社会主义法治国家建设成绩显著;法治政府基本建成;实现国家各项工作法治化;加快建设社会主义法治国家;更加注重发挥法治在国家治理和社会管理中的重要作用;法治是治国理政的基本方式;弘扬社会主义法治精神,树立社会主义法治理念,增强全社会学法尊法守法用法意识;提高领导干部运用法治思维和法治方式深化改革、推动发展、化解矛盾、维护稳定能力;倡导自由、平等、公正、法治;加快形成党委领导、政府负责、社会协同、公众参与、法治保障的社会管理体制;加大依法治军、从严治军力度。

中国共产党第十八届中央委员会第四次全体会议提出,全面推进依法治国,总目标是建设中国特色社会主义法治体系,建设社会主义法治国家。全会明确了全面推进依法治国的重大任务:完善以宪法为核心的中国特色社会主义法律体系,加强宪法实施;深入推进依法行政,加快建设法治政府;保证公正司法,提高司法公信力;增强全民法治观念,推进法治社会建设;加强法治工作队伍建设;加强和改进党对全面推进依法治国的领导。

党的十九大报告在十八大报告"全面推进依法治国"的基础上,进一步要求"坚持全面依法治国"。十九大报告指出,全面依法治国是中国特色社会主义的本质要求和重要保障;坚持全面依法治国,必须坚定不移走中国特色社会主义法治道路;并就成立中央全面依法治国领导小组,加强宪法实施和监督、推进合宪性审查工作,推进科学立法、民主立法、依法立法,以良法促进发展、保障善治,深化司法体制综合配套改革,依法推进国家监察体制改革等方面做了具体的要求。

二、建设中国特色社会主义法治体系的重大意义

建设中国特色社会主义法治体系是全力推进法治中国建设的重要内容,是实现国家治理体系和治理能力现代化的重大战略部署,对全面依法治国具有纲举目张的意义。

(一)中国特色社会主义的本质要求和重要保障

中国特色社会主义法治体系本质上是中国特色社会主义制度的法律表现形式。新时代中国特色社会主义的总任务是实现社会主义现代化和中华民族伟大复兴,在全面建成小康社会的基础上分两步走,在21世纪中叶建成富强民主文明和谐美丽的社会主义现代化强国。中国特色社会主义法治体系为这一总任务的实现提供了推动力量和制度保障。我国是一个有十三亿多人口的大国,地域辽阔,民族众多,国情复杂。我们党在这样一个大国执政,要保证国家统一、法制统一、政令统一、市场统一,要实现经济发展、政治清明、文化昌盛、社会公正、生态良好,都需要秉持法律这个准绳、用好法治这个方式。

(二)推进国家治理体系和治理能力现代化的重要举措

国家治理体系就是在党的领导下管理国家的制度体系,包括经济、政治、文化、社会、生态文明和党的建设等各领域体制机制、法律法规安排,是一整套紧密相连、相互协调的国家制度。运用国家制度管理社会各方面事

务能力,体现了一个国家的治理能力。推进国家治理体系和治理能力的现代化,要适应时代变化,既改革不适应实践发展要求的体制机制、法律法规,又不断构建新的体制机制、法律法规,使各方面制度更加科学、更加完善。比如,2020年,新冠病毒疫情防控,面对出现的一些防控问题,有的地方对武汉籍的外出人员采取歧视的措施;有的地方以防疫防控为理由封路、封桥,封堵本不该封闭的生活设施;还有的采取更为极端的方式方法粗暴执法,引起群众反感等。由此,有效推进党、国家、社会各项事务治理制度化、规范化、程序化,有效提高党科学执政、民主执政、依法执政水平。

(三)全面依法治国的总抓手

《中共中央关于全面推进依法治国若干重大问题的决定》的说明中指出,全面推进依法治国涉及很多方面,在实际工作中必须有一个总揽全局、牵引各方的总抓手,这个总抓手就是建设中国特色社会主义法治体系。依法治国各项工作都要围绕这个总抓手来谋划、来推进。建设中国特色社会主义法治体系、建设社会主义法治国家明确了全面依法治国的性质和方向,也突出了全面依法治国的工作重点。全面推进依法治国,涉及立法、执法、司法、守法等各个方面,涉及中国特色社会主义事业"五位一体"总体布局的各个领域,必须加强顶层设计、统筹谋划。建设中国特色社会主义法治体系是总揽全局、牵引各方的总抓手,必须从依法治国、依法执政、依法行政共同推进和法治国家、法治政府、法治社会一体建设方面,对法治中国建设做出战略部署和总体安排。

第十七讲
完备的法律规范体系

中国特色社会主义法治体系包括五个方面:完备的法律规范体系、高效的法治实施体系、严密的法治监督体系、有力的法治保障体系、完善的党内法规体系。

完备的法律规范体系,是中国特色社会主义法治体系的前提,是法治国家、法治政府、法治社会的制度基础,是以宪法为核心,由宪法相关法、民法商法、经济法、社会法、行政法、刑法、程序法等部门齐全、结构严谨、内部协调、体例科学、调整有效的法律及其配套法规所构成的法律规范系统。

一、立法先行

立法先行就是要求发挥立法在改革开放和经济社会发展中的引领和推动作用,加快完善法律、行政法规、地方性法规体系,为全面依法治国提供基本遵循。

(一)废止与改革和经济发展不相适应的法律法规

以"劳动教养"为例,1955年,中共中央首次明确提出劳动教养的办法,到2013年12月,废止劳动教养制度,劳动教养制度一直存续了58年。2000年以前,劳动教养是合法的;但2000年《立法法》颁布以后,劳动教养就处于违法状态。因为《立法法》规定,限制人身自由的事项必须由法律制定,而劳动教养是行政机关制定的限制人身自由,属于违反上位法的规定。且劳动教养的处罚决定不是由法院做出,而是由公安机关直接做出,所以,劳动教养经历了从立法到执法,到废止劳动教养制度。

(二)加强法律解释

法律解释是加强和改进立法的重要形式。通过全国人大对法律解释,化解司法机关在法律适用中的重大分歧,明确法律规范含义。如《公司法》2013年修正时,将有限责任公司和发起设立的股份有限公司的注册资本实缴登记制修改为认缴登记制。为了与《公司法》的修改相配套,2014年4月,全国人大对刑法中虚报注册资本罪和虚假出资、抽逃出资罪规定解释,仅适用于依法实行注册资本实缴登记制的公司。

(三)先行先试

对暂不能通过法律,且实践中迫切需要的一些规则,通过法定程序进行授权,先行先试,解决法律依据不足的问题,确保重大改革于法有据。2014年,全国人大常委会《关于授权国务院在中国(上海)自由贸易试验区暂时调整有关法律规定的行政审批的决定》,先行先试破除制度桎梏。

二、科学立法、民主立法、依法立法

科学立法、民主立法、依法立法就是要坚持上下有序、内外协调、科学规范、运行有效的原则,立改废释并举,实现从粗放立法向精细立法转变,提高立法质量和效率。

【案例】

疫情防控立法

2020年新冠病毒爆发,要完善疫情防控相关立法。通过《野生动物保护法》《动物防疫法》,掐断疫情传播的动物源头;《中华人民共和国传染病防治法》则对传染病的等级、报告制度、监督制度和法律责任等方面在法律层面做了规定;《突发事件应对法》对突发事件的预防与应急准备、监测与预警、应急处置与救援、事后恢复与重建等应对活动做了详细的规定,国务院颁发的《突发公共卫生事件应急条例》对突发性公共事件的预防与应急、报告与信息发布、应急处理和法律责任等方面做了规定。这些法律制度从动物源头,传染病源,突发事件处置、监督等方面做出了规定,上下有序、内外协调。

2020年2月,上海市人民代表大会常务委员会通过《关于全力做好当前新型冠状病毒感染肺炎疫情防控工作的决定》,与法律、行政法规注重政府的责任、个人责任比较零散相比,《决定》更强调个人责任的要求。2020年2月8日,江苏省十三届人大常委会第十四次会议审议通过《江苏省人民代表大会常务委员会关于依法防控新型冠状病毒感染肺炎疫情 切实保障人民群众生命健康安全的决定》,在规定各级人民政府和相关部门职责的同时,进一步明确细化有关单位和个人在疫情防控中应当履行的义务,指出县级以上地方人民政府及其有关部门应当依法及时、准确地向社会公布疫情信息,并规定县级以上地方人民政府可以依法发布疫情防控的决定、命令,采取应急处置措施。2020年4月1日,甘肃省人民代表大会常务委员会《关于全面禁止非法野生动物交易、革除滥食野生动物陋习、切实保障人民群众生命健康安全的决定》,结合甘肃省实际,坚持务实管用原则,在对全国人大常委会决定的重点内容进行重申的基础上,从多个方面做了细化和补充。这些立法表明,把防控责任落实、落细,从粗放立法向精细立法转变,提高立法质量和效率。

三、实现立法和改革决策相衔接

改革和法治如鸟之两翼、车之两轮,凡属重大改革都要于法有据。当改革决策与现行法律规定不一致时,尽快修改法律,确保改革于法有据。立法主动适应改革和经济社会发展需要。在法治轨道上统筹社会力量、平衡社会利益、调节社会关系、规范社会行为、化解社会矛盾,面对改革进入深水区、社会利益更加多元的局面,能够通过"一断于法"化解矛盾纠纷,获得公信力。

【案例】

农村改革:从取消农业税到三权分置

(一)取消农业税

1958年6月3日,一届全国人大常委会第96次会议通过《中华人民共和国农业税条例》。20世纪80年代中后期,农民负担问题逐步突出,从1990年开始,中央抓减轻农民负担工作。1990年到1999年,中央着重解决国家税收之外对农民的各种收费、罚款和摊派问题。2003年,全国所有省区市全面推开农村税费改革试点工作,中央财政用于农村税费改革的转移支付达到305亿元。从2004年开始,中央明确提出了取消农业税的目标。国务院在全国降低农业税税率,选择黑龙江、吉林两省进行全部免除农业税试点,取消除烟叶外的农业特产税。2005年,又全面取消牧业税。2005年12月29日,十届全国人大常委会第十九次会议决定,自2006年1月1日起废止《中华人民共和国农业税条例》。至此,国家不再针对农业单独征税,一个在我国存在了两千多年的古老税种宣告终结。①

(二)从家庭联产承包责任制到三权分置

土地问题是农村改革过程中最主要的问题。1982年,我国确立了家庭承包经营,1993年宪法第二次修正案确立了"家庭联产承包为主的责任制"的法律地位。它突破了一大二公、高度集中的人民公社体制,将土地所有权和承包经营权分设,所有权归集体,承包经营权归农户,极大地调动了亿万农民的积极性,确立了家庭经营的主体地位,赋予农民充分的生产经营自主权。

2014年中央1号文件对农村改革进行了全面部署,一个是稳定承包权,

---

① 新华社:《废除农业税》,2019年11月14日。

一个是放活经营权。即在落实农村土地集体所有权的基础上,稳定农村土地承包关系并保持长久不变,在坚持和完善最严格的耕地保护制度前提下,赋予农民对承包地占有、使用、收益、流转及承包经营权抵押、担保权能。引导和规范农村集体经营性建设用地入市。"三权分置"思想,就是农村土地改革方略的核心。

为落实"三权分置"制度,全面贯彻党的十八大、十九大和历次中央全会精神,十三届全国人大常委会第七次会议表决通过关于修改《农村土地承包法》的决定,农村土地实行"三权分置"的制度得以法制化,承包农户的权益得到更有效保障。修改后的农村土地承包法规定,承包方承包土地后,享有土地承包经营权,可以自己经营,也可以保留土地承包权,流转其承包地的土地经营权,由他人经营;取消了原有法律中关于承包方全家迁入设区的市,转为非农业户口的,应将承包地交回发包方的规定;国家保护承包方依法、自愿、有偿流转土地经营权,保护土地经营权人的合法权益,任何组织和个人不得侵犯;土地经营权人有权在合同约定的期限内占有农村土地,自主开展农业生产经营并取得收益。

(三)宅基地"三权分置"

改革开放以后,越来越多的农村人口涌向城市,但是关于宅基地使用出现了新的问题。宅基地是不能上市交易的,同时,宅基地与农村成员资格是紧密相连的。但在农村人口不可逆转的城市化进程中,宅基地使用权的配给制度已失去意义,不仅不利于农地资源的集约节约利用,甚至加剧了"人地捆绑",成为城市化进程的羁绊。2018年中央一号文件提出"探索宅基地所有权、资格权、使用权'三权分置'"。所有权、资格权、使用权"三权分置",实质就是落实宅基地集体所有权,保障宅基地农户资格权和农民房屋财产权,适度放活宅基地和农民房屋使用权。在土地集体所有权不变的情况下,具有资格的人可以不使用相应的宅基地,而通过出租、抵押等将使用权让渡给其他人从而获得收益。这不仅能稳步、有序盘活沉睡、闲置的宅基地资源,而且促进了乡村旅游市场、租房市场,发展现代化农业,带动多个行业企业发展。从取消农业税到农村承包地"三权分置"再到未来的宅基地"三权分置",实现立法和改革决策相衔接就是要做到重大改革于法有据、立法主动适应改革和经济社会发展需要。

第十八讲
高效的法治实施体系

建设高效的法治实施体系,是建设中国特色社会主义法治体系的重点。它是指执法、司法、守法等各个环节有效衔接、协调高效运转、持续共同发力,实现效果最大化的法治实施系统。

一、健全宪法实施制度

健全宪法实施制度是指把树立宪法权威作为全面推进依法治国的重大事项抓紧抓好。宪法是国家的根本法,是治国安邦的总章程,是党和人民意志的集中体现。党的十九届四中全会审议通过的《中共中央关于坚持和完善中国特色社会主义制度、推进国家治理体系和治理能力现代化若干重大问题的决定》,提出健全保证宪法全面实施的体制机制。依法治国首先要坚持依宪治国,依法执政首先要坚持依宪执政;加强宪法实施和监督,落实宪法解释程序机制;推进合宪性审查工作,加强备案审查制度和能力建设,依法撤销和纠正违宪违法的规范性文件。坚持宪法法律至上,健全法律面前人人平等保障机制,维护国家法制统一、尊严、权威,一切违反宪法法律的行为都必须予以追究。

【案例】

合宪性审查

2015年10月,杭州的潘某骑着一辆外地牌照电动自行车,途经杭州一路口时,被执勤交警拦了下来。依据《杭州市道路交通安全管理条例》中的规定,交警要查扣他的电动车并托运回原籍。但潘某查阅了相关的法律法规,没有发现非机动车属于可以被扣留以及被强制托运回原籍的规定。2016年4月,潘某致信全国人大常委会法工委,建议对《杭州市道路交通安全管理条例》进行审查,请求撤销该条例中违反行政强制法设立的行政强制措施,其依据就是当时备案审查制度。这是一个合宪性审查中比较典型的案例。

在未提出合宪性审查之前,全国人大主要通过备案制审查方式对行政法规、地方性法规等规范性文件开展审查研究,纠正其中存在的违宪违法问题。据统计,十二届全国人大常委会共接受公民和组织提出的各类审查建议1 400余件,通过沟通协商、督促制定机关纠正的法规、司法解释累计有上百件。通过审查,规范了法律的适用,主要集中在合法性审查上,合宪性审查却不多。

截至2020年4月底,我国法律2 774部、行政法规9 915部、部门规章282 326部,另外还有司法解释、党内法规、团体规定、行业规定等不同效力级别的规定。但规则的多样性并不代表能违背规则的一致性。规则一致性,首先要符合法律,而符合法律重中之重是要符合宪法,因为宪法是国家各项制度和法律法规的总依据。党的十九大报告首次提出合宪性审查:"加强宪法实施和监督,推进合宪性审查工作,维护宪法权威。"宪法与法律委员会被写入2018年宪法修正案,未来,专门负责合宪性审查,有利于维护国家法制统一、规范和约束公权力、保障公民权利。

二、深入推进依法行政,加快建设法治政府

法律的生命力在于实施,法律的权威也在于实施。各级政府必须坚持

在党的领导下、在法治轨道上开展工作,创新执法体制,完善执法程序,推进综合执法,严格执法责任,建立权责统一、权威高效的依法行政体制,加快建设职能科学、权责法定、执法严明、公开公正、廉洁高效、守法诚信的法治政府。

依法全面履行政府职能。完善行政组织和行政程序法律制度,推进机构、职能、权限、程序、责任法定化。行政机关要坚持法定职责必须为、法无授权不可为,坚决惩处失职、渎职,行政机关不得法外设定权力,没有法律法规依据不得做出减损公民、法人和其他组织合法权益或者增加其义务的决定。

健全依法决策机制。把公众参与、专家论证、风险评估、合法性审查、集体讨论决定确定为重大行政决策法定程序,确保决策制度科学、程序正当、过程公开、责任明确。建立行政机关内部重大决策合法性审查机制,未经合法性审查或经审查不合法的,不得提交讨论。

深化行政执法体制改革。根据不同层级政府的事权和职能,按照减少层次、整合队伍、提高效率的原则,合理配置执法力量。推进综合执法,大幅减少市县两级政府执法队伍种类,完善市县两级政府行政执法管理。

坚持严格规范公正文明执法。依法惩处各类违法行为,加大关系群众切身利益的重点领域执法力度。完善执法程序,建立执法全过程记录制度。

【案例】

非禁即入!我国全面实施市场准入负面清单制度[①]

2016年3月,我国制定《市场准入负面清单草案(试点版)》,在天津、上海、福建、广东四省市先行试点。2017年,试点范围扩大到15个省市。2018年12月25日,经中共中央、国务院批准,国家发展改革委、商务部发布《市场准入负面清单(2018年版)》,这标志着我国全面实施市场准入负面清单制

---

① 新华社:《非禁即入!我国全面实施市场准入负面清单制度》,2018年12月25日。

度,负面清单以外的行业、领域、业务等,各类市场主体皆可依法平等进入。

全面实施市场准入负面清单制度有利于发挥市场在资源配置中的决定性作用,真正实现"非禁即入";有利于激发市场主体活力,对各类市场主体一视同仁,实现规则平等、权利平等、机会平等;有利于政府加强事中事后监管;有利于推动相关审批体制、投资体制、监管机制、社会信用体系和激励惩戒机制改革,推进国家治理体系和治理能力现代化。

三、深化司法体制综合配套改革

推进以审判为中心的诉讼制度改革,确保侦查、起诉的案件事实证据经得起法律的检验。全面贯彻证据裁判规则,严格依法收集、固定、保存、审查、运用证据,完善证人、鉴定人出庭制度,保证庭审在查明事实、认定证据、保护诉权、公正裁判中发挥决定性作用。

明确各类司法人员工作职责、工作流程、工作标准,实行办案质量终身负责制和错案责任倒查问责制,确保案件处理经得起法律和历史检验。

【案例】

司法改革进行时

为深化司法体制综合配套改革,法院和检察院均出台相关政策,以更好地实现司法公正、司法为民。

(一)人民法院第五个五年改革纲要(2019—2023)

2019年2月最高人民法院发布《最高人民法院关于深化人民法院司法体制综合配套改革的意见》,即《人民法院第五个五年改革纲要(2019—2023)》。纲要明确院长、庭长的权力清单和监督管理职责,健全履职指引和案件监管的全程留痕制度。强调矛盾纠纷多元化解,从源头上减少诉讼增量;把适合由社会力量承担的司法辅助事务和司法行政事务交给市场主体、社会力量。进一步完善案件繁简分流机制,健全完善立体化、多元化、精细化的诉讼程序;推动深化诉讼制度改革,探索扩大独任制和小额诉讼程序适用范围,优化司法确认程序适用,进一步完善送达机制。推动审判方式、诉讼模式和互联网技术深度融合,深化互联网法院改革,有序扩大电子诉讼覆盖范围,以立法方式构建电子诉讼制度,探索构建适应互联网时代需求的新型管辖规则、诉讼规则。

(二)捕诉合一制度[①]

2018年7月,最高人民检察院检察长张军在大检察官研讨班上明确:"要以案件类别划分、实行捕诉合一。"捕诉合一,就是将批捕的部门和起诉的部门合并,批捕权和起诉权由同一检察官或者检察官办案组行使。

第一,强化侦查监督力度,提高案件侦查质量。根据刑事诉讼规定,公安机关、检察院和法院分别负责侦查、起诉和审判职能,三者形成分工负责、配合制约的诉讼关系。由于公安机关对侦查活动的封闭管控,而检察机关负责起诉,实践中会造成多次退回补充侦查,或者证据不足等现象。捕诉合一要求"谁捕谁诉",负责批捕的检察官自然会带着起诉的标准从批捕开始就关注侦查:捕后会考虑诉,为了能诉得出、判得下,就会及时全程引导、监督公安机关的侦查活动。这样,在侦查过程中,检察官就会从起诉的角度要求他们侦查取证,对侦查活动进行监督,因而监督的效果更实、取证引导更准、事实掌握更全,提升案件侦查质量。

第二,提高诉讼效率和办案质量。改革前,负责起诉和负责批捕是两个程序、两套人员;改革后在保持原有两个程序的基础上,有一套人员完成,有效地避免了在批捕和起诉过程中,两套人员的认定标准的不同。检察官更加关注整个案件的证据收集,检察官会把起诉的证据标准运用到批捕中,以捕后证据标准引领批捕,引领侦查,对侦查工作的引领更加具体精准,从而有效提高办案质量。

---

① 邓思清:《捕诉合一是中国司法体制下的合理选择》,《检察日报》,2018年6月6日。

第三,有利于律师辩护,更好地保障人权。检察官以起诉的预期来把握批捕,会更加全面地把握批捕的证明标准,这就意味着犯罪嫌疑人不批捕的可能性更大,逮捕率会有所下降,从而更有利于保障人权。

四、培育守法意识

要在党员带头守法、领导干部带头守法的基础上,着力培育公民和社会组织自觉守法的意识和责任感,充分调动全社会自觉守法的积极性、主动性,严惩各类违法犯罪行为。营造全社会共同守法的良好氛围,夯实建设法治实施体系的社会根基。

【案例】

普法新形式

为营造全社会共同守法的良好氛围,夯实建设法治实施体系的社会根基,各地采取了不同的普法新形式,采用百姓喜闻乐见的方式,有力地促进了法律的普及。

上海:2018年,上海决定在全市范围开展"人手一册 每户一本 居村一讲一阵地"宪法学习工程,要求每名国家工作人员人手一册宪法、每户家庭都有一本宪法、每个居村安排一次宪法宣讲、每个居村有一个宪法宣传阵地。

天津:印制400万册宪法手册,通过登门入户、集中发放、微信通知领取等形式,组织开展"送宪法进万家"活动,将宪法读本免费发放到全市每个家庭,实现全市四百多万个家庭每户都有一本宪法。

北京:将北京传统文化——京剧与法治宣传内容相结合,如西城区大栅栏司法所开展"京剧普法";百顺社区的国粹苑每月至少演出一场京剧,开演前会邀请律师结合唱段内容释法,受到百姓欢迎。

第十九讲
严密的法治监督体系

严密的法治监督体系,是指以规范和约束公权力为重点建立的有效的法治化权力监督网络。它以有权必有责、用权受监督、违法必追究,坚决纠正有法不依、执法不严、违法不究行为等为主要任务,是宪法法律有效实施的重要保障,是加强对权力运行制约和监督的迫切要求。

一、健全宪法实施和监督制度

宪法的生命在于实施,宪法的权威也在于实施。要通过健全法律制度、完善法律体系落实宪法制度,通过实行正确监督、有效监督保证宪法法律实施。党的十八届四中全会通过的《中共中央关于全面推进依法治国若干重大问题的决定》要求"健全宪法实施和监督制度"。首先,明确宪法是根本大法。宪法是党和人民意志的集中体现,是通过科学民主程序形成的根本法。坚持依法治国首先要坚持依宪治国,坚持依法执政首先要坚持依宪执政。全国各族人民、一切国家机关和武装力量、各政党和各社会团体、各企业事业组织,都必须以宪法为根本的活动准则,并且负有维护宪法尊严、保证宪法实施的职责。一切违反宪法的行为都必须予以追究和纠正。其次,完善宪法监督制度。完善全国人大及其常委会宪法监督制度,健全宪法解释程序机制。加强备案审查制度和能力建设,把所有规范性文件纳入备案审查范围,依法撤销和纠正违宪违法的规范性文件,禁止地方制发带有立法性质的文件。最后,设定国家宪法日。每年十二月四日定为国家宪法日。在全社会普遍开展宪法教育,弘扬宪法精神。建立宪法宣誓制度,凡经人大及其常委会选举或者决定任命的国家工作人员正式就职时公开向宪法宣誓。

【案例】

宪法宣誓誓言:从65个字到75个字

2014年10月,十八届四中全会审议通过的《中共中央关于全面推进依法治国若干重大问题的决定》提出:"建立宪法宣誓制度,凡经人大及其常委会选举或者决定任命的国家工作人员正式就职时公开向宪法宣誓。"

2015年6月24日,十二届全国人大常委会第十五次会议审议了关于实行宪法宣誓制度的决定草案。草案规定,凡经人大及其常委会选举或者决定任命、"一府两院"任命的国家工作人员,正式就职时公开向宪法宣誓。同时提出所有宣誓人员适用统一的65字誓词:我宣誓:拥护中华人民共和国宪法,维护宪法权威,履行宪法职责,恪尽职守、廉洁奉公,忠于祖国、忠于人民,自觉接受监督,为中国特色社会主义伟大事业努力奋斗!"

这65个字包括了法定责任与义务、政治道德与担当、履职保障与约束、工作目标与使命,形成了一个有机整体。充分说明了权力何来、权力何用、权力监督的问题。培养被任命者尊法学法守法用法的意识,使其权利始终在法律规定的范围内运行。

2015年7月1日,十二届全国人大常委会第十五次会议通过了《全国人民代表大会常务委员会关于实行宪法宣誓制度的决定》,以立法方式确立了我国宪法宣誓制度。同时确立了70字的宣誓词:"我宣誓:忠于中华人民共和国宪法,维护宪法权威,履行法定职责,忠于祖国、忠于人民,恪尽职守、廉洁奉公,接受人民监督,为建设富强、民主、文明、和谐的社会主义国家努力奋斗!"

第一版和第二版的区别在于:(1)宣誓誓词中"为中国特色社会主义伟大事业努力奋斗",改为"为建设富强、民主、文明、和谐的社会主义国家努力奋斗",因为"富强、民主、文明、和谐"是现代化国家的建设目标,也是中国特色社会主义的发展方向;(2)把"拥护"改为"忠于宪法",因为"忠于"中包含着遵守和捍卫的含义;(3)将"履行宪法职责"改为"履行法定职责"是因为并不是所有的公职人员都在履行宪法职责。

2018年2月24日,十二届全国人大常委会第三十三次会议表决通过了关于实行宪法宣誓制度的决定,对宪法宣誓制度相关规定做出适当修改,明确监察委员会组成人员依法产生后应当进行宪法宣誓,同时增加了宣誓仪式应当奏唱中华人民共和国国歌。宪法宣誓誓词中有关奋斗目标的表述修改为"为建设富强民主文明和谐美丽的社会主义现代化强国努力奋斗!"

最终75个字宣誓词:"我宣誓:忠于中华人民共和国宪法,维护宪法权威,履行法定职责,忠于祖国、忠于人民,恪尽职守、廉洁奉公,接受人民监督,为建设富强民主文明和谐美丽的社会主义现代化强国努力奋斗!"

二、强化对行政权力的制约和监督

十八届四中全会审议通过的《中共中央关于全面推进依法治国若干重大问题的决定》提出,强化对行政权力的制约和监督;加强党内监督、人大监督、民主监督、行政监督、司法监督、审计监督、社会监督、舆论监督制度建设,努力形成科学有效的权力运行制约和监督体系,增强监督合力和实效;加强对政府内部权力的制约,是强化对行政权力制约的重点;完善审计制度,保障依法独立行使审计监督权。

【案例】

李健雄诉广东省交通运输厅政府信息公开案

2011年6月1日,李健雄通过广东省人民政府公众网络系统向被告广东省交通运输厅递交了政府信息公开申请,申请获取广州广园客运站至佛冈的客运里程数等政府信息。政府公众网络系统以申请编号11060100011予以确认,并通过短信通知原告确认该政府信息公开申请提交成功。根据《政府信息公开条例》第二十四条第二款的规定,广东省交通运输厅应该在当月23日前答复原告,但在法定期限内李健雄一直未收到答复及提供所申请的政府信息。直到8月4日收到相关答复。故李健雄诉至法院,请求法院判决确认广东省交通运输厅未在法定期限内答复的行为违法。

根据《政府信息公开条例》第二十四条规定:"行政机关收到政府信息公开申请,能够当场答复的,应当当场予以答复。行政机关不能当场答复的,应当自收到申请之日起15个工作日内予以答复;如需延长答复期限的,应当经政府信息公开工作机构负责人同意,并告知申请人,延长答复的期限最长不得超过15个工作日。本案原告在6月1日通过广东省人民政府公众网络系统向被告提交了政府信息公开申请,且政府公众网络系统生成了相应的电子申请编号,就应该在规定的时间答复,广东省交通运输厅未依照《政府信息公开条例》第二十四条规定的期限对原告李健雄2011年6月1日申请其公开广州广园客运站至佛冈客运里程数的政府信息做出答复,系违法行为。政府信息公开,能实现公众对政府的监督,提高政府工作的透明度,防止权力腐败,提升政府公信力,建设廉洁、高效、法治政府,是强化行政权力制约和监督的有效途径。

三、加强对司法活动的监督

党的十八届四中全会通过的《中共中央关于全面推进依法治国若干重大问题的决定》指出,加强对司法活动的监督。完善检察机关行使监督权的法律制度,加强对刑事诉讼、民事诉讼、行政诉讼的法律监督。完善人民监督员制度,重点监督检察机关查办职务犯罪的立案、羁押、扣押冻结财物、起诉等环节的执法活动。司法机关要及时回应社会关切。规范媒体对案件的报道,防止舆论影响司法公正。依法规范司法人员与当事人、律师、特殊关系人、中介组织的接触、交往行为。对因违法违纪被开除公职的司法人员、吊销执业证书的律师和公证员,终身禁止从事法律职业,构成犯罪的要依法追究刑事责任。坚决破除各种潜规则,绝不允许法外开恩,绝不允许办关系案、人情案、金钱案。

【案例】

司法大数据,让公平正义看得见

中国裁判文书网、中国审判流程信息公开网、中国执行信息公开网、中国庭审公开网等司法公开四大平台的建成运行,截至2018年5月数据,中国裁判文书网共公布全国各级法院生效裁判文书4 490余万篇,访问量突破149亿人次,访客来自全球210多个国家和地区,已经成为全球最大的裁判文书网;中国执行信息公开网累计公布执行案件3 706万余件、被执行人信息5 365万余条、失信被执行人信息1 045万余条;中国庭审公开网已经覆盖全国各级法院,公开庭审82.2万余场,主网站及关联网站总观看量超过59亿次,最高日直播量超过3 600场。

党的十八届三中全会、四中全会提出"推进审判公开、建立生效法律文书统一上网和公开查询制度"以来,司法案件从立案、审判到执行,全部重要流程节点实现信息化、可视化、公开化,构建出开放、动态、透明、便民的阳光司法机制,公开是监督最好的方式,通过公开加强司法监督,推动严格规范公正司法,统一裁判尺度,提升了司法公信力。

四、深化国家监察体制改革,依法建立党统一领导的反腐败工作机构,构建集中统一、权威高效的国家监察体系,实现对所有行使公权力的公职人员监察全覆盖

深化国家监察体制改革的初心,就是要把增强对公权力和公职人员的

监督全覆盖、有效性作为着力点,推进公权力运行法治化,消除权力监督的真空地带,压缩权力行使的任性空间,建立完善的监督管理机制、有效的权力制约机制、严肃的责任追究机制。2016年,党中央成立深化国家监察体制改革试点工作领导小组,决定在北京、山西、浙江开展试点工作,并通过《关于在北京市、山西省、浙江省开展国家监察体制改革试点工作的决定》。2017年,十二届全国人大常委会通过《关于在全国各地推开国家监察体制改革工作的决定》。2018年3月,十三届全国人大一次会议通过宪法修正案和监察法,国家监察委员会依法组建。

监察委员会建立后,将所有公务员及参照公务员法管理的人员,法律、法规授权或者受国家机关依法委托管理公共事务的组织中从事公务的人员,国有企业管理人员,公办教育、科研、文化、医疗卫生、体育等单位中从事管理的人员,基层群众性自治组织中从事管理的人员以及其他依法履行公职的人员,统一纳入监察范围,由监察机关按照管理权限进行监察,实现了对公权力监督和反腐败的全覆盖。体现了依规治党和依法治国、党内监督和国家监察的有机统一,强化了党和国家的监督效能。

第二十讲
有力的法治保障体系

中国特色社会主义法治体系之有力的法治保障体系是全面依法治国的重要依托。有力的法治保障体系,是指在法律制定、实施和监督过程中形成的结构完整、机制健全、资源充分、富有成效的保障系统,包括政治和组织保障、人才和物质条件保障、法治意识和法治精神保障等。

一、切实加强和改进党对全面依法治国的领导,提高依法执政能力和水平,为全面依法治国提供有力的政治和组织保障

十九大报告指出,成立中央全面依法治国领导小组,加强对法治中国建设的统一领导。2018年8月24日习近平总书记在中央全面依法治国委员会第一次会议上做《加强党对全面依法治国的领导》讲话时指出,党中央决定组建中央全面依法治国委员会,这是我们党历史上第一次设立这样的机构,目的是加强党对全面依法治国的集中统一领导,统筹推进全面依法治国工作。党的十九大对新时代推进全面依法治国提出了新任务,明确到2035年,法治国家、法治政府、法治社会要基本建成。为了更好地落实这些目标任务,就要健全党领导全面依法治国的制度和工作机制,强化党中央在科学立法、严格执法、公正司法、全民守法等方面的领导,更加有力地推动党中央决策部署贯彻落实。这也是研究解决依法治国重大事项、重大问题,协调推进中国特色社会主义法治体系和社会主义法治国家建设的需要。全面依法

治国是一项长期而重大的历史任务,是一场深刻的社会变革。当前,立法、执法、司法、守法等方面都存在不少薄弱环节,法治领域改革面临许多难啃的硬骨头,迫切需要从党中央层面加强统筹协调。治国理政须臾离不开法治,设立全面依法治国委员会是推动实现"两个一百年"奋斗目标,为实现中华民族伟大复兴中国梦提供法治保障的需要。

二、加强高素质法治专门队伍和法律服务队伍建设,提高法治工作队伍和法律服务队伍思想政治素质,为全面依法治国提供坚实的人才和物质保障

党的十八届四中全会通过的《中共中央关于全面推进依法治国若干重大问题的决定》提出:"全面推进依法治国,必须大力提高法治工作队伍思想政治素质、业务工作能力、职业道德水准,着力建设一支忠于党、忠于国家、忠于人民、忠于法律的社会主义法治工作队伍,为加快建设社会主义法治国家提供强有力的组织和人才保障。"建设高素质法治专门队伍,突出政治标准,加强理想信念教育,深入开展社会主义核心价值观和社会主义法治理念教育,坚持党的事业、人民利益、宪法法律至上,加强立法队伍、行政执法队伍、司法队伍建设。推进法治专门队伍正规化、专业化、职业化,提高职业素养和专业水平。建立法官、检察官逐级遴选制度。加强法律服务队伍建设中,把拥护中国共产党领导、拥护社会主义法治作为律师从业的基本要求,增强广大律师走中国特色社会主义法治道路的自觉性和坚定性。构建社会律师、公职律师、公司律师等优势互补、结构合理的律师队伍。发展公证员、基层法律服务工作者、人民调解员队伍。创新法治人才培养机制。加强法学基础理论研究,形成完善的中国特色社会主义法学理论体系、学科体系、课程体系,组织编写和全面采用国家统一的法律类专业核心教材,纳入司法考试必考范围。

三、努力推动形成办事依法、遇事找法、解决问题用法、化解矛盾靠法的良好的守法社会氛围,为全面依法治国提供丰厚的法治文化保障

坚持把全民普法和守法作为依法治国的长期基础性工作,深入开展法治宣传教育,引导全民自觉守法、遇事找法、解决问题靠法。把法治教育纳入国民教育体系,从青少年抓起,在中小学设立法治知识课程。健全普法宣传教育机制,各级党委和政府要加强对普法工作的领导,宣传、文化、教育部门和人民团体要在普法教育中发挥职能作用。实行国家机关"谁执法谁普法"的普法责任制,建立法官、检察官、行政执法人员、律师等以案释法制度,加强普法讲师团、普法志愿者队伍建设。把法治教育纳入精神文明创建内容,开展群众性法治文化活动,健全媒体公益普法制度,加强新媒体新技术在普法中的运用,提高普法实效。加强公民道德建设,弘扬中华优秀传统文化,增强法治的道德底蕴,强化规则意识,倡导契约精神,弘扬公序良俗。发挥法治在解决道德领域突出问题中的作用,引导人们自觉履行法定义务、社会责任、家庭责任。加强社会诚信建设,健全公民和组织守法信用记录,完善守法诚信褒奖机制和违法失信行为惩戒机制,使尊法守法成为全体人民的共同追求和自觉行动。

第二十一讲
完善的党内法规体系

完善的党内法规体系是中国特色社会主义法治体系的本质要求和重要内容。

一、为什么需要党内法规

我国现有8 900多万党员,450多万个党组织,如何保持党的先进性、纯洁性和旺盛生命力,建设好、管理好党组织运行,离不开党内法规对党员行为、党的组织和活动的引导、规范、约束和保障,加强党内法规制度建设是推进依法治国的有力保障。早在改革开放之初,邓小平就指出,"没有党规党法,国法就很难保障",这深刻揭示了党规党法与国家法律的关系。2013年,习近平总书记在十八届中央纪委二次全会上提出,要加强对权力运行的制约和监督,把权力关进制度的笼子里,形成不敢腐的惩戒机制、不能腐的防范机制、不易腐的保障机制。

二、党内法规制度发展

1938年,毛泽东同志提出"党内法规"这一概念,党的六届六中全会又通过了《关于各级党委暂行组织机构的决定》《关于中央委员会工作规则与纪律的决定》《关于各级党部工作规则与纪律的决定》等重要文件,党的制度建设进一步规范化。随后的"延安整风"实践也形成了诸多好的制度和规定,在思想建党和制度治党有机结合方面是一次创举。

在新时代下,2013年11月,中共中央印发《中央党内法规制定工作五年规划纲要(2013—2017年)》,作为党的历史上第一个中央党内法规制定工作五年规划,首次提出到建党100周年时全面建成内容科学、程序严密、配套完备、运行有效的党内法规制度体系,明确了党内法规制定工作的指导思想、工作目标、基本要求、主要任务,标志着党内法规制定工作从此走上体系化建设之路。

2014年8月,中央政治局审议通过的《深化党的建设制度改革实施方案》提出,到2020年建立起系统完备、科学规范、运行有效,更加成熟、更加定型的党的建设制度体系。2014年10月,党的十八届四中全会提出,把"形成完善的党内法规体系"作为中国特色社会主义法治体系的重要组成部分。

2016年12月中共中央印发的《关于加强党内法规制度建设的意见》明确提出"到建党100周年时,形成比较完善的党内法规制度体系、高效的党内法规制度实施体系、有力的党内法规制度建设保障体系",党依据党内法规管党治党的能力和水平显著提高。实现这一目标,就要以党章为统领,统筹推进各位阶党内法规制度建设。

2018年2月,中共中央印发《中央党内法规制定工作第二个五年规划(2018—2022年)》和中央党内法规年度计划,到建党100周年时形成比较完善的党内法规制度体系,对今后5年党内法规制度建设进行顶层设计。到建党100周年时形成以党章为根本、以准则条例为主干,覆盖党的领导和党的建设各方面的党内法规制度体系,并随着实践发展不断丰富完善。党内法规制度质量明显提高,执行力明显提升,系统性、整体性、协同性明显增强。

2019年9月,中共中央印发修订后的《中国共产党党内法规制定条例》《中国共产党党内法规和规范性文件备案审查规定》以及新制定的《中国共产党党内法规执行责任制规定(试行)》,连同此前印发的清理、解释等相关法规文件,对党内法规工作进行了全链条的制度规范,为保证党内法规建设提供了有力的制度支撑。同年10月,党的十九届四中全会通过的《中共中央关于坚持和完善中国特色社会主义制度 推进国家治理体系和治理能力现代化若干重大问题的决定》中，对党内法规制度体系的形成做出了新部署。《决定》明确了建立不忘初心、牢记使命的制度；完善坚定维护党中央权威和集中统一领导的各项制度；健全党的全面领导制度；健全为人民执政、靠人民执政各项制度；健全提高党的执政能力和领导水平制度；完善全面从严治党制度。健全党和国家监督制度，完善权力配置和运行制约机制，构建一体推进不敢腐、不能腐、不想腐体制机制。

三、党内法规体系建设重点

按照《中国共产党党内法规制定条例》的界定，党内法规是党的中央组织以及中央纪律检查委员会、中央各部门和省、自治区、直辖市党委制定的规范党组织的工作、活动和党员行为的党内规章制度的总称。截至2018年8月底，现行有效的党内法规约4 200部，其中规则、规定、办法、细则超过4 100部。全面从严治党面临的最大问题不是法规制度供给的数量不足，而是法规制度本身的质量不高；不是缺少法规制度，而是法规制度如何才能更科学、更系统、更有效，即如何能行得通、做得到、管得住的问题。

构建完善的党内法规体系就是要构建一套包括党章、准则、条例、规则、规定、办法、细则在内，错落有致而且内容完整的关于程序和规则的规范系统。准则是对全党政治生活、组织生活和全体党员行为做出的基本规定，在党内法规体系中位阶比较高，仅次于党章。目前，党内共有三部准则，即《关于新形势下党内政治生活的若干准则》《关于党内政治生活的若干准则》《中国共产党廉洁自律准则》。条例是对准则的具体保障，是对党的某一领域重要关系或者某一方面重要工作做出的全面规定。党的十八大以来，制定了包括《中国共产党纪律处分条例》（2018年8月修订）、《中国共产党党内监督条例》（2016年11月通过）、《中国共产党党组工作条例（试行）》（2015年6月通过）等多部条例。

四、党内法规与国家法律的关系

(一)党大还是法大

党大还是法大,是一个伪命题。2015年2月2日,习近平总书记指出,"党大还是法大"是一个政治陷阱,是一个伪命题。对这个问题,我们不能含糊其词、语焉不详,要明确予以回答。我们说不存在"党大还是法大"的问题,是把党作为一个执政整体而言的,是指党的执政地位和领导地位而言的,具体到每个党政组织、每个领导干部,就必须服从和遵守宪法法律,就不能以党自居,就不能把党的领导作为个人以言代法、以权压法、徇私枉法的挡箭牌。我们有些事情要提交党委把握,但这种把握不是私情插手,不是包庇性的插手,而是一种政治性、程序性、职责性的把握。这个界线一定要划分清楚。"党和法的关系是一个根本问题,处理得好,则法治兴、党兴、国家兴;处理得不好,则法治衰、党衰、国家衰。"党的领导和社会主义法治是一致的、高度统一的,"不存在'党大还是法大'的问题"。

(二)党内法规与国家法律的关系

党的十八届四中全会《决定》明确提出,要"注重党内法规与国家法律的衔接和协调"。党内法规与国家法律之间有一致性,也有差异性。

党内法规与国家法律之间的一致性:第一,价值取向的一致性。两者共存于中国特色社会主义法治体系中,在根本价值指向上一致。党内法规是党要管党、从严治党的制度依据和保障,目的是让党更好地为人民服务;国家法律是推进国家治理能力和治理体系现代化的制度依据和保障,目的是让人民生活得更美好。第二,文化倡导一致性。2016年12月,中办国办印发《关于进一步把社会主义核心价值观融入法治建设的指导意见》指出,大力培育和践行社会主义核心价值观,运用法律法规和公共政策向社会传导正确价值取向,把社会主义核心价值观融入法治建设;加强党内法规制度建设。以党章为根本遵循,完善党内法规,健全制度保障,构建起配套完备的党内法规制度体系,推动党员干部带头践行社会主义核心价值观。把从严治党实践成果转化为道德规范和纪律要求,做到依规治党和以德治党相统一,充分展现共产党人高尚思想道德情操和价值追求。二者在倡导核心价值观上是一致的。第三,制度建设的统一性和衔接性。《中国共产党章程》规定:"党必须在宪法和法律的范围内活动。"党内法规是中国共产党内部的规范,国家的宪法和法律为党内法规进行了制度意义上的托底。《中央党内法规制定工作五年规划纲要(2013—2017年)》提出了"宪法为上、党章为本"的基本要求。以宪法为遵循,就是要保证党内法规体现宪法和法律的精神和要求,保证党内法规制度体系与中国特色社会主义法律体系内在统一;以党章为根本,就是要按照党章确定的基本原则、要求和任务,推进党内法规制定工作。党内法规与法律规范在制度建设上具有统一性和衔接性。①

党内法规与法律规范之间的区别:第一,制定的主体和制定程序不同。党内法规主要是由省级以上党组织按规定程序制定的,法律是由立法机关根据相应的立法程序制定。第二,调整范围不同。党内法规着眼于全体党员,调整党内组织、制度、活动和党员行为;法律规范着眼于全体公民,体现国家意志,规范公民行为。第三,效力位阶不同。党内法规制定必须遵循宪法和法律,其效力低于法律的效力。第四,实施方式不同。党内法规依靠党的纪律约束实施;法律以国家强制力作为保障。

---

① 付子堂:《党内法规与国家法律的关系》,人民网,2015年11月4日。

第二十二讲
全面依法治国基本格局

党的十一届三中全会开启了民主法制建设,从1978年提出了"有法可依,有法必依,执法必严,违法必究",到党的十八大提出了"科学立法、严格执法、公正司法、全民守法"十六字方针,十八届四中全会将其作为全面依法治国的基本格局。"科学立法、严格执法、公正司法、全民守法"分别对应了法律运行的四个方面的核心要求,即在法律的制定上要求科学立法、在法律的执行上要求严格执法、在法律的适用上要求公正司法、在法律的遵守上要求全民守法。

一、科学立法是前提

党的十八届四中全会提出:"法律是治国之重器,良法是善治之前提。"如果立法存在质量问题,执法、司法、守法就不可避免地出现问题,甚至引起不良后果。所以,在"有法可依"的基础上,提出了"科学立法"。如果说"有法可依"重在解决法律法规的"有无"和"数量"问题,那么"科学立法"则重在解决法律法规的"好坏"和"质量"问题。从"有法可依"到"科学立法"是我们党鉴于中国特色社会主义法律体系已经形成的现状,做出的立法工作重点的重大调整,标志着我国立法工作已开始了从"数量型"向"质量型"的转变。

(一)明确法律与其他社会规范的区别

立法时首先就要解决法律与道德、风俗习惯、行业规范等规范的界限问题,科学地划分法律与其他社会规范各自的调整范围。2008年,《郑州市城市公共交通条例(草案)》征求意见稿中,出现"乘客不主动让位的,驾驶员、售票员有权进行劝阻和制止。拒不改正的,驾驶员、售票员可以拒绝其乘坐。同时,城市公共交通行政主管部门还可以对乘客处以50元罚款"的规定,该草案出台后,大多数市民表示反对。

虽然,法律和道德并不是截然分开的,有道德法律化(社会主义核心价值观、诚实信用、公序良俗等被法律吸收成为法律条文,这种法律条文往往是一种法律原则或法律理念)的现象,但道德与法律有严格区别,道德是个体的自觉遵守,而法律则是有强制力作为后盾的保证实施。乘客上了公交车后,只要购买了车票,就应该构成运输合同。公交车上的座位,不是运输合同的一个必要组成,乘客与公交公共交通一旦形成运输合同后,司售人员不能以不让座为名强制乘客下车;且司售人员不是行政机关,不能行使处罚权。让座是中华民族的传统美德,美德应该高于法律,法律是最低的道德准则,如果所有的道德均法律化,则会造成舆论审判,缺乏统一标准。

(二)立法要体现时代精神

法律作为社会行为规范,它本身既是社会发展进步的产物,也要随着社会发展进步而与时俱进,积极回应时代关切,充分体现时代内涵,只有如此,立法内容才可能具有科学性、合理性。

1. 因应人性,扬善抑恶

立法必须因应人性,体现人性,扬善抑恶。正义的法律应是对人性之美的弘扬和对非人性之恶的制约。只有人性才是立法权的最高存在。

2. 保障私权利和规制公权力

明确国家权力的范围,目的是更好地体现和保障人的权利与自由。在此基础上,进一步明确国家责任的追究与承担,建立并实行国家赔偿责任制度。

3. 能应对高风险社会

当前,我国既处于发展的重要战略机遇期,又处社会矛盾多发期和凸显期,各种问题叠加,比如劳动就业、社会保障、收入分配、教育、医疗、住房、食品安全、拆迁、信访、社会管理等领域矛盾和问题比较集中。要加强相关领域立法,发挥法治在国家治理和社会管理中的作用,既保证社会转型顺利进行,又促进社会协调发展。

4. 体现正义理念

从形式上说,体现"正义"的法律,应当具有以下 7 个特征:普遍性、明确性、统一性、稳定性、先在性、可行性、公开性。法律规则具备这些特征,"便基本符合人们对秩序的要求"。从实质上说,体现"正义"的法律,应当具有以下 4 个特征:保障安全、维护平等、促进自由、增进效率。任何一个法律系统,只有当它具有实质正义的诸种形状、作用时,它才能最终被称为正义的。①

(三)明确各层级法律、法规的界限

在立法中,必须明确各层级法律、法规的界限。

第一,明确立法权限。即明确全国人大与常委会的立法权限,界定基本法律和法律的权限范围;明确中央和地方的立法权限,界定地方性法规的权限范围,给予地方立法较大空间;明确部门规章、地方政府规章的权限范围,对规章权限进行严格限定。比如,2015 年《立法法》修订后,明确规定了税种的设立、税率的确定和税收征收管理等税收基本制度必须制定法律,即税收立法只能由全国人大及其常委会行使。

第二,扩大地方立法权。把设区的市制定地方性法规的立法权写入宪法,有利于设区的市在宪法法律的范围内,制定体现本行政区域实际的地方性法规。

第三,对授权立法进行严格控制。对于授权,一般是尚未立法,先授权出台行政法规来管理社会事务;或者立了法但是比较粗,所以还要授权,制定更加具体的规定。2015 年《立法法》修订后明确,授权决定应当明确授权

---

① 万其刚:《论科学立法及其实现》,中国人大网,2015 年 4 月 22 日。

的目的、事项、范围、期限以及被授权机关实施授权决定应当遵循的原则等。授权的期限不得超过五年以及授权期届满前6个月的报告制度。

二、严格执法是关键

天下之事,不难于立法,而难于法之必行。全面推进依法治国的重点应该是保证法律严格实施,做到"法立,有犯而必施;令出,唯行而不返"。如今,我国现行有效的法律法规的80%以上是由政府机关来执行的。行政机关对百姓来讲是掌握国家强制执法权的强势方,所以,更应该让他在"阳光下",让百姓看得见、看得清,严格执法对于百姓来说尤为重要。

【案例】

从夫妻家中看黄碟到一家三口疫情期间打麻将被打说起

2002年8月18日深夜,陕西延安市毗圪堵村村民张某和妻子李某在家看黄碟,之后张某被突然闯入的民警带走。10月21日,张某被延安市宝塔公安分局刑事拘留。11月5日,张某被取保候审,12月5日,张某被解除取保候审,宝塔公安分局也撤销了此案。

2020年,疫情防控期间,湖北孝感一家三口人聚集在自己屋内打麻将,被村民举报,多名工作人员冲进屋内劝阻后,该家人与工作人员产生肢体冲突。

这两则案例虽相距18年之久,共同点是公权力与个人隐私的冲突。虽然看黄碟和打麻将在公共场所被严令禁止,从道德角度讲也不是很高尚,但是两起案件均发生在家中,"家"本身就具有私密性,且无论看黄碟还是打麻将,均为家庭成员之间的,不存在"其他人"这个含有"公共性"的因素。公安机关作为行政机关更准确地说是履行执法权,而非"享有"执法权,既然是履行职务,则应该符合法定程序、法定的内容。我国宪法规定,公民住宅权不受侵犯是属于人格尊严权,这是法律赋予公民最基本的权利,在公民没有任何违法行为的前提下,擅自闯入公民的私有住宅,是违法行为,是公权力的滥用行为。因此,严格执法必须要守住执法的红线和底线。

三、公正司法是防线

公正司法,就是要在司法活动的过程和结果中坚持和体现公平与正义的原则。

(一)落实司法责任制

落实司法责任制,实现权力和责任相统一。2015年最高人民法院发布《关于完善人民法院司法责任制的若干意见》,就完善司法责任制做了相关规定。第一,要明确职权配置,案件由审理者裁判。法院可以按照受理案件的类别,通过随机产生的方式,组建由法官或者法官与人民陪审员组成的合议庭,审理适用普通程序和依法由合议庭审理的简易程序的案件。进入法官员额的院长、副院长、审判委员会专职委员、庭长、副庭长应当办理案件。第二,责任承担,即裁判者负责。落实独任制审理、合议庭审理的案件、经审判委员会讨论案件的责任承担方式。第三,错案启动终身追责程序。倒逼法官检察官提高自身专业能力和职业素养,办案由"过得去"向"过得硬"转变。

(二)确立以审判为中心诉讼制度改革

党的十八届四中全会《中共中央关于全面推进依法治国若干重大问题的决定》明确提出,要"推进以审判为中心的诉讼制度改革,确保侦查、起诉的案件事实证据经得起法律的检验。全面贯彻证据裁判规则,严格依法收集、固定、保存、审查、运用证据,完善证人、鉴定人出庭制度,保证庭审在查明事实、认定证据、保护诉权、公正裁判中发挥决定性作用"。

【案例】

余金平交通肇事罪

2019年6月5日,被告人余金平酒后驾驶白色丰田牌小型普通客车,车辆前部右侧撞到被害人宋某致其死亡,撞人后余金平驾车逃逸。随后,检察机关提起公诉,在余金平认罪认罚后,检察院据此出具了判三缓四的缓刑量刑建议,但法院认为被告人余金平作为一名纪检干部,本应严格要求自己,其明知酒后不能驾车,但仍酒后驾车从海淀区回门头沟区住所,且在发生交通事故后逃逸,特别是逃逸后擦拭车身血迹,回现场附近观望后仍逃离,意图逃避法律追究,表明其主观恶性较大,判处缓刑不足以惩戒犯罪,因此公诉机关建议判处缓刑的量刑建议,不予采纳,最后判处余金平二年有期徒刑。判决后,检察机关和被告均不服,分别提起抗诉、上诉。但二审法院认为,一审法院"认定余金平犯交通肇事罪的事实清楚,证据确实、充分,定罪正确,审判程序合法";"但认定余金平的行为构成自首并据此对其减轻处罚,以及认定余金平酒后驾驶机动车却并未据此对其从重处罚不当"。据此,二审法院撤消了一审判决,改判余金平"有期徒刑三年六个月"。

该案件之所以引起很大争议,存在两方面原因:其一,一审法院没有采纳检察院的量刑建议,而是判决了实刑;其二,被告上诉后,二审法院也没有按照上诉不加刑的原则,而是加重了被告的刑罚。这个案件争论的背后,恰恰也体现了贯彻落实以审判为中心的理念。法官是案件的裁判者,检察官可以提出量刑建议,在任何案件中,尤其是刑事案审判中,应该是法院根据案件的证据、情节、危害后果等依法独立审判,而不是法院配合检察院审理案件。同样,尽管法律规定了上诉不加刑原则,但不能把这一原则绝对化,法院应该根据"罪责刑相适应"这个刑事诉讼的最基本的原则判决案件,二审法院的判决恰恰体现了这一法治精神。

因此,通过确立以审判为中心诉讼制度改革,突出司法权威,也要求检察机关、公安机关调查取证的合法化、正当化,防止非法证据进入最后的裁判结果。对于防范冤假错案、排除非法证据、确立审判的高标准,均有着非常重要的意义。

(三)保障被告权利,保障律师出庭

培根曾经说过:"一次不公正的审判,其恶果甚至超过十次犯罪。因为犯罪虽是无视法律——好比污染了水流,而不公正的审判则毁坏法律——好比污染了水源。"习近平总书记强调,要懂得"100-1=0"的道理,一个错案的负面影响足以摧毁九十九个公正裁判积累起来的良好形象。2014年12月,最高人民法院、最高人民检察院、公安部、国家安全部、司法部出台《关于依法保障律师执业权利的规定》,着重对长期困扰律师执业的会见难、阅卷难、调查取证难,以及发问难、质证难、辩论难提出了解决办法;2017年10月《最高人民法院、司法部关于开展刑事案件律师辩护全覆盖试点工作的办法》提出,适用简易程序、速裁程序审理的案件,被告人没有辩护人的,人民法院应当通知法律援助机构派驻的值班律师为其提供法律帮助。从加大对律师辩护权利的保护,到刑事审判中,律师辩护全覆盖,有效地保障了被告的权利,维护司法公正。

(四)设置巡回法庭,跨行政区划审判

为防止地方保护主义,预防审判干扰,党的十八届四中全会《中共中央关于全面推进依法治国若干重大问题的决定》提出:"最高人民法院设立巡回法庭,审理跨行政区域重大行政和民商事案件。"如2016年12月2日,最高人民法院第二巡回法庭对聂树斌故意杀人、强奸妇女再审案公开宣判,宣告撤销原审判决,改判聂树斌无罪。除最高法院设立巡回法庭,各地也在探索跨区审判案件试点。2014年12月28日,上海设立第三中级人民法院,以受理行政诉讼为例,主要受理以市级人民政府为被告的一审行政案件;市级行政机关为上诉人或被上诉人的二审行政案件等。跨行政区划法院的设立,能够有效解决诉讼"主客场"问题,排除地方权力对司法审判的干扰,保障法院依法独立公正行使审判权。

四、全民守法是基础

法律遵守是个系统的体系,除了国家要守法,公民也应该守法。法律既不是铭刻在大理石上,也不是铭刻在铜表上,而是铭记在公民的内心里。徒法不足以自行,必须是全民守法。

第一,增强法律意识。中国式过马路、中国式医闹、中国式到此一游、案件一进门两边都托人的现象还是存在,从 1985 年开始,2020 年是"七五"的最后一年,提高公民法律意识仍是一个刻不容缓的任务。第二,多层次、多领域的依法治理。加快完善法律、行政法规、地方性法规体系,完善包括市民公约、乡规民约、行业规章、团体章程在内的社会规范体系,为全面推进依法治国提供基本遵循。中国传统中的熟人社会模式仍然存在,利用市民公约、乡规民约、行业规章、团体章程等准法律手段,多管齐下,提升公民守法意识。第三,完善监督机制。加强社会诚信建设,健全全民守法信用记录,完善守法诚信褒奖机制和违法失信行为惩戒机制。如 2020 年疫情期间,针对拒绝隔离、违反隔离的行为和随申码不实申报等现象,纳入诚信机制,加强其遵守法律的责任。第四,建设完备的法律服务体系,推进覆盖城乡居民的公共法律服务体系建设,完善法律援助制度,健全司法救助体系。健全依法维权和化解纠纷机制,建立健全社会矛盾预警机制、利益表达机制、协商沟通机制、救济救助机制,畅通群众利益协调、权益保障的法律渠道。完善立体化社会治安防控体系,保障人民生命财产安全。

【案例】

法律不为违法者买单

2017 年 1 月,一男子在北京市丰台区永定河冰面遛狗时不慎落水溺亡,其家属将北京市水务局、丰台区水务局、北京市永定河管理处、丰台区永定河管理所起诉至法院,要求赔偿62万元。法院在判决书中指出,该男子溺亡地点不属于公共场所,河道管理部门不负有侵权责任法所规定的安全保障义务。

广州市花都区某村是国家AAA级旅游景区,村委会在河道旁种植了杨梅树。2017年5月19日,广州市花都区某村六旬村民私自上树采摘杨梅跌落身亡,家属遂起诉村委会承担赔偿责任。一、二审曾以双方均有过错为由,酌定村委会承担5%的赔偿责任。2020年1月20日,广州中院对"老人景区擅自上树摘杨梅摔死案"再审宣判,判决明确认定村委会不存在过错,驳回死者近亲属要求其承担赔偿责任的请求。

这两起案件判决释放出一个信号:无论是擅自在冰面上遛狗、还是私自上树采摘杨梅,行为本身具有违法性。尽管违法者因为"小"的违法行为,付出了生命的"大"的代价,但是违法是前提,法律决不允许守法者为"小恶"买单,遵守法律,人人有责。

第二十三讲
为什么要坚持走中国特色社会主义法治道路

2014年10月,习近平总书记在关于《中共中央关于全面推进依法治国若干重大问题的决定》的说明中指出,中国特色社会主义法治道路,是社会主义法治建设成就和经验的集中体现,是建设社会主义法治国家的唯一正确道路。在走什么样的法治道路问题上,必须向全社会释放正确而明确的信号,指明全面推进依法治国的正确方向,统一全党全国各族人民认识和行动。

中国特色的法治道路之所以能走成功,就在于结合了中国独特的文化传统,独特的历史命运,独特的基本国情,最终注定了中国要走适合自己特点的发展道路。

一、历史的必然选择:走中国特色社会主义法治道路

鸦片战争后,中国沦落为殖民地半殖民地,落后、被挨打。诸多有识之士意识到中国落后的根源在于旧的制度和体制,在经济基础与上层建筑相互作用的过程中,法治如何完成这一推翻旧制度的重任?世界上对法治道路的选择一般是两种方式:一种叫作移植,即把他国的法律制度放到本国来用;一种是借鉴,即在借鉴他国法治经验的基础上,开辟出一条适合自身发展的道路。

就像师夷长技以制夷一样,最初,中国效仿国外法治道路的发展,简单

的模仿是最节约的一种方式。比如,因为有了《大日本帝国宪法》改变了日本的落后,使日本加入资本主义行列;因为有了《法国民法典》,让我们看到了法兰西帝国的崛起;因为有了《德国民法典》,让我们看到了一个强大、统一的德意志帝国。全盘西化、移植西方的法律制度成了当时的主流观点。1905年,五大臣出洋考察学习国外先进经验,在经过不断的选择与权力的较量中,最终决定实行日本君主立宪制,1908年《钦定宪法大纲》制定,这是一部强调君权、弱化公民权利的法律,即便如此还确立了11年的预备立宪期。1911年辛亥革命的爆发,结束了封建制度,与其相适应的法律也束之高阁。

辛亥革命虽然推翻了以君权为核心的法秩序,但也未能力挽狂澜改变中国站起来的命运。整个中国仍处在各方势力的较量之中,袁世凯成为中华民国大总统,为了限制袁世凯的权利,在中华民国临时政府(南京)制定的《中华民国临时约法》也以宋教仁的被刺身亡而结束,历史再一次证明那时中国无法建立以民权为中心的法秩序,议会民主在中国也无法施行。在国民政府时期,孙中山先生提出五权分立制度,也变成了蒋介石个人独裁的牺牲品,与孙中山先生的初衷背道而驰,五权分立制度也昙花一现。

1921年中国共产党成立,开始了法制建设的探索。1927年制定的《井冈山土地法》是我党历史上第一部土地法,至1947年《中国土地法大纲》制定,中国在革命时期,立法主要集中在土地立法,这也是中国与西方的显著区别,西方更关注宪法、民法、刑法等基本法律,而中国早期立法比较注重土地立法,主要是因为中国革命的主要问题是土地问题。

中华人民共和国成立后,废除了国民党时期的六法全书,1949年《中国人民政治协商会议共同纲领》实施,起到了准宪法作用。新中国成立之初,封建婚姻制度与男尊女卑思想仍广泛存在,不幸的婚姻缠绕着无数中国家庭。家是社会的细胞,我们这个五亿多人口的大国,没有一部婚姻法岂不乱套了,新中国第一部法律《婚姻法》应运而生。1954年社会主义第一部宪法诞生,规定了我国的国体、政体,初步奠定了社会主义法制的基础。1956年,党的八大提出了我们要进一步加强人民民主法制的建设。党的十一届三中全会上,提出"必须加强社会主义法制",邓小平提出"有法可依、有法必依、执法必严、违法必究"的十六字方针,由此开启了中国法制建设新篇章。

1997年中国十五大报告中提出依法治国的基本方案,1999年,我们把依法治国、建设社会主义法治国家写入宪法,开辟了中国特色社会主义法治道路。2010年中国特色社会主义法制体系基本形成。2013年,十八届三中全会提出"建设法治中国"的新目标。2014年,十八届四中全会第一次以"依法治国"为主题,在党的领导下我国法制建设取得巨大成就。2014年10月,党的十八届中央委员会第四次会议提出建设中国特色社会主义法治体系总目标。2019年11月,党的十九届四中全会通过《中共中央关于坚持和完善中国特色社会主义制度、推进国家治理体系和治理能力现代化若干重大问题的决定》指出:"必须坚定不移走中国特色社会主义法治道路,全面推进依法治国,坚持依法治国、依法执政、依法行政共同推进,坚持法治国家、法治政府、法治社会一体建设。"

二、中国法律传统的必然选择

【案例】

"缇萦救父"与"威廉皇帝与小磨坊主"故事之比较

先看"缇萦救父"的故事。在汉文帝时期,当时齐国的太仓令淳于意因犯罪而判肉刑。由于淳于意有5个女儿,没有儿子,他感叹道:"生女儿不生男孩,危急时没有人能帮忙。"他的小女儿缇萦听后,上书汉文帝,他父亲为官清廉,因为犯罪而获刑,即使想改过自新,也没办法了,她愿意舍身做官府中的女仆来赎父亲的罪过,让他能改过自新。汉文帝听后非常感动,废除了肉刑。

再比较下"威廉皇帝与小磨坊主"的故事。19世纪,德国皇帝威廉一世在距离柏林不远的波茨坦建造了一个行宫,但他有一天发现不远处有一个磨坊影响了该行宫的美观,他想以一种公道的方式来解决,于是派人前去与磨坊的主人协商,希望能够买下这座磨坊。不料,这个磨坊主很犟牛,偏说这祖上传下来的家业卖不得。威廉一世很生气,派出军队强行去拆除了那磨坊。眼睁睁地看着自己的家业毁于一旦却阻挡不了,那可怜的磨坊主只得站在一旁恨恨地怒吼:"你是一国皇帝我斗不过您,但德国尚有法律在!"之后,怒气冲冲的他果然一纸诉状就把皇帝告上了法庭。令人吃惊的是,地方法院的判决居然是威廉一世败诉:不但要把那磨坊"恢复原状",还必须赔偿由于拆毁房子造成的磨坊主的一切损失。威廉一世最终还是服从了法院的判决。

缇萦的父亲犯了法,判了刑,按照法律规定应该执行,汉文帝仁政,改变了当时的刑罚;小磨坊主虽然地位比威廉皇帝低,但是在法律面前,由于小磨坊主建房子在先,按照法律规定,即便是影响行宫的采光,未经同意也不能随便拆除。从两则故事可以看出中西方法治的理念是不同的。

首先,中国传统中更注重礼法相结合,也就是更重视道德教化实践,延续至今则演化为依法治国和以德治国相结合。而在西方的法治道路上,更加注重契约精神。其次,中国法治思想是注重儒家,在《唐律疏议》开篇这样写道:"德礼为政教之本,刑罚为政教之用,犹昏晓阳秋相须而成者。"但是,西方的则更偏向于法家思想。第三,在追求价值功能上,中国以合理为原则,求统一、求和谐、求稳定,在动中求稳,在变中求衡,在变动中求宜,在发展中求正,而西方则追求单一的平等。

所以,法治作为社会政治的一个组成部分,必须与本国的国情和社会制度相结合,必须与该国的政治、经济、历史和文化相结合。

三、中国特色社会主义法治道路的独特性[①]

其一,在法治建设的实现方式上,中国特色社会主义法治道路具有强烈

[①] 参见马忠:《中国特色社会主义法治道路的独特性及内在根据》,《武汉大学学报》,2017年3月。

的顶层推动特征。它强调党的领导、人民当家作主、依法治国的有机统一,将党的领导放在了重要地位,体现了明显的顶层推动特征。在《中共中央关于全面推进依法治国若干重大问题的决定》中有14处出现"党的领导",第七部分单列"加强和改进党对全面推进依法治国的领导",指出"党的领导是全面推进依法治国、加快建设社会主义法治国家的根本保证",把党的领导贯彻到全面依法治国的全过程。

其二,在方法手段上具有德法互补特征。中国特色社会主义法治道路突出了"以德治国"的作用。《中共中央关于全面推进依法治国若干重大问题的决定》在总目标中提出"坚持依法治国和以德治国相结合",指出"国家和社会治理需要法律和道德共同发挥作用","加强公民道德建设、弘扬中华优秀文化,增强法治的道德底蕴,强化规则意识,倡导契约精神、弘扬公序良俗"等。

其三,发展途径上具有明显的渐进稳健特征。即必须从我国基本国情出发,同改革开放不断深化相适应,围绕社会主义法治建设重大理论问题和实践,借鉴外国法治有益经验,但绝不照搬外国法治理念和模式。全面依法治国是一个系统工程,是国家治理领域一场广泛而深刻的革命,需要付出长期艰苦努力。实践证明行之有效的,要及时上升为法律;实践条件还不成熟,需要先行先试的,要按照法定程序做出授权。

第二十四讲
坚持中国共产党的领导

坚持中国特色社会主义法治道路，必须要坚持中国共产党的领导，这是中国特色社会主义最本质的特征，也是社会主义法治最根本的保证。

一、为什么要坚持中国共产党领导：苏联解体的启示

1991年12月，苏联解体。苏联解体原因包括经济体制、意识形态、发展模式等方面，其中重要的一点是忽视了党的领导。《居安思危——苏共亡党的历史教训》纪录片中记录："一个有着将近2 000万党员的大党，就这样在执政74年之后丢掉了执政地位，整个党也随之溃散。迄今为止，无论是在中央还是地方的历史档案中，人们都没有发现在敌对势力取缔共产党时遇到来自党的各级组织进行抵抗的记载，没有发现共产党员们有组织地集合起来为保卫自己的区委、市委或州委而举行任何大规模抗议活动的记载，也没有发现人民群众为支持、声援苏共而采取任何有组织的记载。"究其原因，苏联共产党在思想上丧失了阵地，党员对其信仰不再热诚，更多地选择了放弃，加之西方冷战的作用，更多的人向往西方语境下的自由民主平等，从而导致苏联宪法中取消了坚持苏共领导地位的"第六条"。把苏联宪法第六条修改为"苏共、其他政党以及工会、共青团、其他社会团体和运动通过自己选入人民代表苏维埃的代表并以其他形式参加制定苏维埃国家的政策，管理国家和社会事务"，苏共与其他任何党派列入同等地位，在苏联搞多党制合

法化,放弃了共产党的领导。苏联的解体给予我们的启示:社会主义法治必须坚持党的领导,党的领导必须依靠社会主义法治。

二、怎样坚持党的领导:坚持党的领导、人民当家作主、依法治国有机统一

党的领导和社会主义法治是一致的,社会主义法治必须坚持党的领导,党的领导必须依靠社会主义法治。只有在党的领导下依法治国、厉行法治,人民当家作主才能充分实现,国家和社会生活法治化才能有序推进。

(一)党的领导是社会主义法治的根本要求

《中共中央关于全面推进依法治国若干重大问题的决定》指出:"坚持党的领导,是社会主义法治的根本要求,是党和国家的根本所在、命脉所在,是全国各族人民的利益所系、幸福所系,是全面推进依法治国的题中应有之义。"《宪法》指出:"中国共产党领导的多党合作和政治协商制度将长期存在和发展。""中国各族人民将继续在中国共产党领导下,……把我国建设成为富强民主文明和谐美丽的社会主义现代化强国,实现中华民族伟大复兴。""中华人民共和国是工人阶级领导的、以工农联盟为基础的人民民主专政的社会主义国家。社会主义制度是中华人民共和国的根本制度。中国共产党领导是中国特色社会主义最本质的特征。"在社会主义中国,必须坚持中国共产党的领导,这是历史和人民的选择,是当代中国发展的客观要求。

(二)把党的领导与依法治国统一起来

党的十八届四中全会《决定》指出:"坚持党领导立法、保证执法、支持司法、带头守法,把依法治国基本方略同依法执政基本方式统一起来,把党总揽全局、协调各方同人大、政府、政协、审判机关、检察机关依法依章程履行职能、开展工作统一起来,把党领导人民制定和实施宪法法律同党坚持在宪法法律范围内活动统一起来,善于使党的主张通过法定程序成为国家意志,善于使党组织推荐的人选通过法定程序成为国家政权机关的领导人员,善于通过国家政权机关实施党对国家和社会的领导,善于运用民主集中制原

则维护中央权威、维护全党全国团结统一。"法是党的主张和人民意愿的统一体现,党和法、党的领导和依法治国是高度统一的。全面依法治国,方向要正确,政治保证要坚强,不能把党的领导和依法治国二者对立起来。依法治国,首先要依宪治国,广大人民群众在党的领导下,依照宪法和法律规定,通过各种途径和形式管理国家事务,管理经济文化事业,管理社会事务,保证国家各项工作都依法进行,逐步实现社会主义民主的制度化、规范化、程序化。

(三)人民当家作主是社会主义民主政治的本质特征,是坚持党的领导和依法治国的坚实基础

人民民主是中国共产党始终高举的旗帜。只有坚持人民当家作主,人民才会更加拥护和支持党的领导,才会更加自觉地在党的领导下全面推进依法治国,聚合起发展社会主义民主政治的磅礴伟力。一方面,人民当家作主是坚持党的领导的坚实基础。人民是历史的创造者,是决定党和国家前途命运的根本力量。历史和实践证明,只要人民在国家和社会政治生活中真正享有当家作主的地位,能够切实行使当家作主的权利,人民就会真心拥护和支持党的领导。另一方面,人民当家作主是坚持依法治国的坚实基础。人民是依法治国的主体和力量源泉。只有实现了人民当家作主,才能保证广大人民群众参与立法、执法和司法活动,监督法律的实施,确保良法善治落到实处,全面依法治国方略才能扎实推进。①

【案例】

我国依宪治国与西方宪政②

2018年8月24日,习近平总书记在中央全面依法治国委员会第一次会

---

① 《坚持党的领导人民当家作主依法治国有机统一》,《解放军报》,2018年1月22日。
② 参见宋诚:《我国依宪治国与西方宪政的本质区别》,《红旗文稿》,2018年2月24日。

议上指出,党的领导是社会主义法治最根本的保证。全面依法治国绝不是要削弱党的领导,而是要加强和改善党的领导,不断提高党领导依法治国的能力和水平,巩固党的执政地位。我们讲依宪治国、依宪执政,不是要否定和放弃党的领导,而是要强调党领导人民制定宪法和法律,党领导人民执行宪法和法律,党自身必须在宪法和法律范围内活动。这里必须说明的是,我们强调依宪治国,而不能简化成"宪政",二者有本质上的区别。

首先,二者价值体系不同。宪政的理论源于西方资本主义国家推行的自由主义和个人主义,是建立在资本主义宪法基础上,其本质是资产阶级的统治工具。宪政经常以保护个人权利的名义,为保护资产阶级的私有制提供合法性,从而确保资产阶级在国家政治、经济生活中的统治地位。我国依宪治国的理论则是以马克思主义为指导,强调无产阶级政党团结和领导的劳动人民是不可分割的整体,其根本的出发点与落脚点是最广大人民的根本利益。

其次,二者领导力量不同。西方宪政表面看来,是不同政党轮流执政,其实都是资本利益集团和少数精英群体代言人的轮番登场。而我国依宪治国是旗帜鲜明地坚持中国共产党的领导。因此,是否坚持中国共产党的领导也是区分我国依宪治国、依宪执政与西方宪政的关键。我国是人民民主专政的社会主义国家,离开中国共产党的领导,社会主义法治建设就会偏离正确方向。

第三,二者权力主体不同。从表面上看,西方宪政的表现形式是通过"一人一票"进行民主选举,但实际上,上台执政的政党并无实质区别,选举背后真正起决定作用的是各种资本利益集团,他们通过竞选来控制国家机器,以实现自身利益最大化。我国的依宪治国则是着眼于广大人民的根本利益,由老百姓选出全国人民代表大会和地方各级人民代表大会的代表,通过投票、协商等多种方式参与到国家大政方针的制定上来,并实现对国家权力机关的监督。

第四,二者运行机制不同。西方的宪政实行三权分立,通过立法权、司法权、行政权互相制衡维持其统治,这种横向平行的权力结构模式容易造成相互推诿扯皮的情况,制度运行缺乏效率,并影响国家和经济社会发展。在我国依宪治国中,国家行政机关、审判机关、检察机关由各级人民代表大会产生,这是一种不同于横向平行模式的纵向权力结构模式,有利于形成治国理政的强大合力,确保公平和高效。

三、党怎样领导中国特色法治道路

坚持党的领导,不是一句空的口号。必须坚持实现党领导立法、保证执法、支持司法、带头守法,健全党领导全面依法治国的制度和工作机制,通过法定程序使党的主张成为国家意志、形成法律,通过法律保障党的政策有效实施,确保全面依法治国正确方向。

(一)党领导立法

党领导立法,就是抓住提高立法质量这个关键,完善以宪法为核心的中国特色社会主义法律体系,坚持立法先行,发挥立法的引领和推动作用。党的十八届四中全会通过的《中共中央关于全面推进依法治国若干重大问题的决定》提出:"加强市场法律制度建设,编纂民法典。"2017年,中国民法典的开篇之作《民法总则》颁行;2019年12月23日,《中华人民共和国民法典(草案)》包含了:总则编、物权编、合同编、人格权编、婚姻家庭编、继承编、侵权责任编,以及附则,共1 260条,形成《中华人民共和国民法典(草案)》;2020年5月28日,十三届全国人大通过《民法典》。民法典的编撰是国之盛事,对整个社会的稳定与发展起到至关重要的作用,"一是发挥'半部宪法'的功能,更深刻地形塑社会并影响社会的运行体制和机制;二是凝聚中国人的道德共识,展现中国人的价值观念和实践理性,同时因应社会实践的要求,并为未来社会的发展预留空间;三是建立一个前后一致、逻辑圆融、层次分明的有机法律体系。"[①]

---

① 谢鸿飞:《民法典编纂的法治意义》,搜狐网,2017年8月30日。

(二) 党保证执法

2015年,北京一家三口办理出国签证,为了办理出境旅游签证,需要明确一位亲人为紧急联络人,当事人陈先生想到了自己的母亲,可是问题来了,他需要提供他母亲是他母亲的书面证明。但是,陈先生在北京的户口簿只显示他和老婆孩子的信息,而父母在江西老家的户口簿早就没有了陈先生的信息……这件事戏剧性的结局是,他向旅行社交了60元钱,就不需要再去证明他妈就是他妈了。这件事反映了因一些非行政许可审批的存在,导致百姓的负担以及社会运转的迟缓,并且这些非行政许可审批可能会造成权力滥用的后果。2015年国务院取消包括49个大项以及其他8项中的17个子项在内的非行政许可全部审批事项,加大简政放权、放管结合改革力度,建立规范行政审批的管理制度;深化商事制度改革,进一步简化注册资本登记,逐步实现"三证合一",清理规范中介服务;制定市场准入负面清单,公布省级政府权力清单、责任清单,切实做到法无授权不可为、法定职责必须为。这些措施的提出,是深入推进依法行政,建设职能科学、权责法定、执法严明、公开公正、廉洁高效、守法诚信的法治政府的具体举措。

(三) 党支持司法

党支持司法,就是要保证公正司法,提高司法公信力。2013年至2017年,我国各级法院纠正重大冤假错案37件61人,共依法宣告4 032名被告人无罪。这些冤假错案大多数是由人民法院依法予以纠正的,且大多数是因为"证据不足",根据"疑案从无"的原则被宣判无罪。习近平总书记说,不要说有了冤假错案,我们现在纠错会给我们带来什么伤害和冲击,而要看到我们已经给人家带来了什么样的伤害和影响,对我们整个的执法公信力带来了什么样的伤害和影响。我们做纠错的工作,就是亡羊补牢的工作。通过纠错,体现了司法机关的勇于担当、有错必纠,对错判不回避、不袒护,用实际行动让人民群众感受到了人民法院勇于纠错的态度和努力,也进一步提升了司法公信力,保证了司法公正。

(四)党带头守法

党带头守法,就是要带头弘扬社会主义法治精神,建设社会主义法治文化,形成守法光荣、违法可耻的社会氛围,使全体人民都成为社会主义法治的忠实崇尚者、自觉遵守者、坚定捍卫者。

我国行政诉讼审判和庭审实践中,行政机关负责人出庭率不高是一个现实问题,这不利于行政纠纷的真正解决。2015年,《行政诉讼法》修改,破解了行政机关负责人不出庭的困局。《行政诉讼法》规定,被诉行政机关负责人应当出庭应诉。不能出庭的,应当委托行政机关相应的工作人员出庭。《行诉解释》进一步细化了行政机关负责人出庭范围,行政机关负责人,包括行政机关的正职、副职负责人以及其他参与分管的负责人。涉及重大公共利益、社会高度关注或者可能引发群体性事件等案件以及人民法院书面建议行政机关负责人出庭的案件,被诉行政机关负责人应当出庭。同时,也规定了行政机关不出庭应诉的法律后果,行政机关负责人和行政机关相应的工作人员均不出庭,仅委托律师出庭的或者人民法院书面建议行政机关负责人出庭应诉,人民法院应当记录在案和在裁判文书中载明,并可以建议有关机关依法做出处理。行政机关负责人出庭应诉改变了长久以来行政机关"朝南坐"的现象,体现了党带头守法,特别是党的各级领导干部、各级行政机关带头守法,强化了行政机关依法行政能力,促进了行政争议的实质性解决。

第二十五讲
坚持人民主体地位

党的十九大报告一共有3万多字,其中"人民"二字却出现203次,以人民为中心,是中国法治建设的重要依据。在社会主义法治国家,人民是依法治国的主体和力量源泉,坚持人民主体地位是依法治国的基本原则。必须把人民当家作主贯彻到依法治国的全过程之中,保证人民的广泛参与。

一、人民代表大会制度是保证人民当家作主的根本政治制度

《宪法》第二条规定,中华人民共和国的一切权力属于人民。人民行使国家权力的机关是全国人民代表大会和地方各级人民代表大会。人民依照法律规定,通过各种途径和形式,管理国家事务,管理经济和文化事业,管理社会事务。《宪法》第三十四条、《选举法》第二条规定,中华人民共和国年满十八周岁的公民,不分民族、种族、性别、职业、家庭出身、宗教信仰、教育程度、财产状况、居住期限,都有选举权和被选举权;但是依照法律被剥夺政治权利的人除外。可以看出,我国选举制度是适用普遍原则,即指凡符合法定年龄的中国公民,除被剥夺政治权利的人之外,不受限制地、普遍地享有选举权和被选举权,我国宪法规定了中华人民共和国的一切权利属于人民,从根本上决定了我国人民必然要享有广泛的选举权。此外,我国选举制度还适用平等选举原则,具体表现在参选权上的平等,除被依法剥夺政治权利的人,一般年满18周岁的中国公民都具有参选权;投票权上的平等,《选举法》

规定,全国人民代表大会代表名额,由全国人民代表大会常务委员会根据各省、自治区、直辖市的人口数,按照每一代表所代表的城乡人口数相同的原则,以及保证各地区、各民族、各方面都有适当数量代表的要求进行分配。以十三届全国人大代表的代表构成为例,妇女代表 742 名,占代表总数的 24.90%,一线工人、农民代表 468 名(其中有 45 名农民工代表),占代表总数的 15.70%,专业技术人员代表 613 名,占代表总数的 20.57%,少数民族代表 438 名,占代表总数的 14.70%,全国 55 个少数民族都有本民族的代表,归侨代表 39 名。我国人民代表大会制度具有广泛性、平等性、民主性、科学性。

二、坚持人民主体地位,以保障人民根本权益为出发点和落脚点

坚持人民主体地位,必须坚持法治建设为了人民、依靠人民、造福人民、保护人民,以保障人民根本权益为出发点和落脚点,保证人民依法享有广泛的权利和自由、承担应尽的义务,维护社会公平正义,促进共同富裕,为保证人民当家作主提供坚实的法治基础。习近平指出:"人民权益要靠法律保障,法律权威要靠人民维护。要充分调动人民群众投身依法治国实践的积极性和主动性,使全体人民都成为社会主义法治的忠实崇尚者、自觉遵守者、坚定捍卫者,使尊法、信法、守法、用法、护法成为全体人民的共同追求。"在立法上,要保证人民的意志和利益得到体现,也保证人民能有充分的机会表达自己的意见,使每项立法都体现人民意志,都得到人民的拥护。

【案例】

人民立法为人民

回放一:法工委随团暗访,回应百姓呼声

近年来,休假选择旅游的人越来越多,但是旅行团却参差不齐,百姓希

望能够找到一个物美价廉的旅行团获得优质的服务,但也不想花钱买罪受,给自己添堵。"零负团费"是旅行团打出的旗号,那么旅行社真能做到"零负团费"吗?构成旅游价格的成本因素有交通、住宿、餐饮、地接等,如果这些项目都是"零负团费",那么旅行社必定会通过安排购物来弥补差价。2010年,前乒乓球国手陈佑铭在香港女导游的安排下,进入红磡某珠宝店购物,被强行要求消费后与女导游发生争执,被导游阻止离开店铺。陈佑铭心脏病突发不治身亡,引发关注。

为了制定好《旅游法》,全国人大常委会法工委负责人以游客身份参加旅游团,全程暗访。2013年4月,《旅游法》表决通过,法律再次强调旅游者是旅游行为的主体,凸显了立法的以人为本,并针对"零负团费"、强迫购物、景区门票价格随意涨价、旅游者维权难等群众反映强烈的扰乱旅游市场、损害旅游者权益的问题做出规范,为旅游业发展提供了至关重要的法制保障。

回放二:广泛征求人民意见,立法修改体现民意

2013年修改《消费者权益保护法》,为修改好消费者权益保护法,法律草案两次上网征求公众意见,立法者不仅与消费者、企业经营者座谈,还深入到电子商务孵化创业基地实地探访,使法律更加细化、更有操作性。最终,网购商品7天无理由退货、假一赔三、名人代言虚假广告要担责任、网络购物"后悔权"、个人信息泄露、经营者霸王条款、虚假广告、消费者维权成本高等问题,作为新增内容写入了现行《消费者权益保护法》。

三、人民权益要靠法律保障,法律权威要靠人民维护

人民权益要靠法律保障,法律权威要靠人民维护。依法治国的根本目的是实现人民幸福,尊重和保障人权。要把体现人民利益、反映人民愿望、维护人民权益、增进人民福祉落实到依法治国全过程,保证人民在党的领导下,依照法律规定,通过各种途径和形式,行使管理国家事务和社会事务、管理经济和文化事业的权利。

【案例】

法律的温度

2018年7月,有一部叫《我不是药神》的电影引起了社会的热议。影片中,徐峥饰演的程勇因帮助病友从印度购买仿制药"格列宁"而被法院以销售假药罪判刑,引发广泛讨论,现实中,陆勇就是程勇的原型。

陆勇是一位企业家。2002年,他被查出患有白血病,因为治疗白血病的药物昂贵,他为自己、也帮助病友,从印度购买药物。2014年陆勇因涉嫌贩卖"假药"被警方带走。针对陆勇的这一行为是否构成犯罪,法律界也有分歧:一种意见认为单纯从《药品管理法》规定"依照本法必须批准而未经批准生产、进口,或者依照本法必须检验而未经检验即销售的"按假药论处。另一种意见认为陆勇的行为是一种收购行为,不是销售行为,他是利用自己的英语特长帮助白血病患者从境外购买药品,关键是他没有赚取差价,因此陆勇的行为是购买行为。到底应该如何认定陆勇的行为?

检察机关采用了第二种建议,陆勇购买和帮助他人购买未经批准进口的抗癌药品的行为,虽然违反了《药品管理法》相关规定,但陆勇行为不是销售行为,不符合《刑法》第一百四十一条的规定,不构成销售假药罪,检察院对陆勇做出不起诉决定。

法律作为规范规则,具有稳定性、滞后性等特点,面对社会上各种不同的现象,司法者不应该机械地适用法律,而是应该分析现象所表现出来的民情民行与立法之间的协调,陆勇案之所以备受关注,聚焦的核心就是民情中的人民群众的诉求,法律不是冰冷的,要让人民感受到法律的温度,坚持司法为民,人民是法的出发点和落脚点。

第二十六讲
坚持法律面前人人平等

平等是社会主义法律的基本属性,是社会主义法治的基本要求。坚持法律面前人人平等,对于坚持走社会主义法治道路具有十分重要的意义。

一、坚持法律面前人人平等的意义

《宪法》第33条规定,凡具有中华人民共和国国籍的人都是中华人民共和国公民。中华人民共和国公民在法律面前一律平等。国家尊重和保障人权。任何公民享有宪法和法律规定的权利,同时必须履行宪法和法律规定的义务。坚持法律面前人人平等,要求公民不分民族、种族、性别、职业、家庭出身、宗教信仰、教育程度、财产状况、居住期限等,都应当平等享受公民权利、平等履行公民义务。法律面前人人平等分别于1954年、1982年被写入宪法,党的十六大把坚持法律面前人人平等作为推进我国政治体制改革,加强社会主义法制建设的重要任务。党的十八届四中全会关于《中共中央关于全面推进依法治国若干重大问题的决定》指出,坚持法律面前人人平等,平等是社会主义法律的基本属性。2015年10月20日,习近平总书记在英国议会的讲话中提出,中国人民正在全面推进依法治国,既吸收中华法制的优良传统,也借鉴世界各国法治的有益做法,目标就是坚持法律面前人人平等,加快建设中国特色社会主义法治体系,不断推进科学立法、严格执法、公正司法、全民守法进程。

坚持法律面前人人平等有着非常重要的意义:第一,充分显示了中国特色社会主义制度的优越性,使人民在依法治国中的主体地位得到尊重和保障,从而有利于增强人民群众的主人翁意识和责任感。第二,鲜明地反对法外特权、法外开恩,对掌握公权力的人形成制约,从而有利于预防特权思想和各种潜规则的侵蚀。第三,鲜明地反对法律适用上的各种歧视,有利于贯彻执行"以事实为依据、以法律为准绳"的司法原则。第四,要求人人都严格依法办事,既充分享有法律规定的各项权利,又切实履行法律规定的各项义务,有利于维护法律权威、健全社会主义法治,确保实现全面依法治国的总目标。

二、坚持法律面前人人平等,就要反对歧视

坚持法律面前人人平等,一方面要求违法必究,一切违反宪法法律的行为都必须予以追究。法治意味着不管什么人,不管涉及谁,只要违反法律就要依法追究责任。另一方面要求非歧视,即无差别地对待。只要是正当权益诉求,就应当在法律上得到平等对待;只要是合法权益,就应当依法得到平等保护。要着力反歧视,特别要强调弱势群体合法利益的法律保护。

【案例】

李某某强奸案件

2013年2月,北京市海淀分局接到一女事主报警称,17日晚其在海淀区一酒吧内与李某某等人喝酒后,被带至一宾馆内遭轮奸。2013年3月7日,李某某等人因涉嫌轮奸已被依法批捕,同年7月,被检察机关提起公诉,8月,一审开庭审理。李某某案件当时在社会上引起了广泛的关注,一方面他是未成年,还有一方面原因是他显赫的家庭背景;而受害人则是一个酒吧的陪酒女,面对着背景悬殊的案件,法院该怎么裁判?一审法院以强奸罪判处

李某某有期徒刑十年,李某某不服上诉至北京一中院,2013年,北京市一中院做出终审判决,裁定驳回上诉人上诉,维持原判。终审判决做出后,在法庭教育阶段,法官对李某某说:"做出这样的判决,跟你是谁的儿子没有关系。"

由于某种传统观念,在中国,社会上还是有一些人习惯于将人分为"三六九等",戴着有色眼镜去看人,尤其对某些从事"不太体面工作"的人,歧视与蔑视是常态,甚至认定他们身上携带"原罪",往往对发生在他们身上的侵害视而不见,"活该"或者"自找"之类的喧嚣屡见不鲜。实际上,依照宪法和法律,任何公民的合法权利都不得侵犯,包括某些从事"灰色职业"的人,只要成为犯罪行为的加害对象,法律也必须给予他们平等的保护,维护他们的权利与尊严,具体到李某某等人涉嫌强奸案,不论被侵害女性是何种身份,她拥有怎样的过往,都不妨碍其享受和其他女性同等的安全、自由和人格尊严。①

三、坚持法律面前人人平等,坚决反对特权思想和特权现象

坚持法律面前人人平等,就要坚决反对特权思想和特权现象。在党的十九大报告和党的十九届中央纪委二次全会上,多次提到"坚决反对特权思想和特权现象"。要"把权力关进制度的笼子",不管职务多高、资历多深、贡献多大,都要严格按法律办事,坚持法律面前人人平等、遵守法律制度没有特权、执行法律制度没有例外,让权力不再任性。强化法律制度刚性,对违反法律、逾越红线的行为和现象一查到底,真正让法律发力、禁令生威。

【案例】

武汉干部违反防疫规定拒绝隔离受处分

2020年,新冠病毒肆虐武汉,在疫情初期,武汉市要求患有轻型新冠病

---

① 刘晶瑶:《"法律面前人人平等"还要强调多久》,《新华每日电讯》,2013年7月17日。

毒的患者居家隔离。但湖北省司法厅原巡视员陈北洋违反传染病防治法规和防控工作规定,在本人及其家人确诊新冠肺炎后,不服从集中隔离、入院治疗等措施,并违规出入公共场所,影响恶劣。防控疫情面前,人人平等,不能因为政治身份,就要求特殊待遇。陈北洋受到留党察看处分,并降为一级调研员退休待遇。

四、坚持法律面前人人平等,要求不分国籍

坚持法律面前人人平等,要求我们不分国籍。在中华人民共和国领域内的外国人,就应该服从属地管辖的原则,尊重中国的法律制度,而不是因为自己的国籍,而享有特殊待遇。有这么一则新闻,2019 年 7 月 10 日,一名网友发微博反映:乘坐南京地铁二号线,发现地铁执法人员在检查是否有乘客在车厢内饮食时,对中外乘客区别对待。只让外国人把面包收起来,然后给中国人开了罚单。随后,南京地铁公安分局宣传民警回应:"行为违反地铁车厢禁食规定,确实应该一视同仁,相信地铁执法队员已经听到网友呼声,谢谢博主监督。"外国人在中国违法不应该有特权!2007 年 9 月,英国人阿克毛毒贩携带 4 公斤价值 25 万英镑的海洛因抵达乌鲁木齐,被中国海关安检人员查获,由乌鲁木齐市中级人民法院一审判处其死刑。此后,阿克毛两次上诉,惊动了英国首相,但中国最高法院仍然于 2009 年 12 月终审维持原判。法律面前人人平等,无论是外国人还是中国人,在中国就一定要遵守中国的法律,如果违反了中国的法律,必将受到惩处。

五、坚持法律面前人人平等原则,要倾斜立法,保护弱势群体

坚持法律面前人人平等原则,不能理解为形式上的平等,我们更应该关注实质上的平等,尤其是更应该关注弱势群体的保护,立法上应该采用倾斜立法,只有倾斜立法才能对平等原则补充和完善,才能获得实质上的平等。我们举个例子说明。

【案例】

关于完善法律援助制度的意见：立法助力弱势群体保护

法律是一个专业度很高的学科，在遇到纠纷时，有一部分弱势群体因为请不起律师，而面临败诉的风险，自身的合法权益得不到有效维护，从一开始就输在起跑线上，平等权成为一纸空文。根据党的十八届三中、四中全会明确提出的"完善法律援助制度，扩大援助范围"，2015年6月，中办、国办公布《关于完善法律援助制度的意见》，从五大方面保证弱势群体权益，切实保障落实"法律面前人人平等"。

其一，扩大民事、行政法律援助覆盖面。逐步将与劳动保障、婚姻家庭、食品药品、教育医疗等民生紧密相关的事项纳入法律援助补充事项范围，帮助困难群众运用法律手段解决基本生产生活方面的问题。重点做好农民工、下岗失业人员、妇女、未成年人、老年人、残疾人和军人军属等重点人群的法律援助工作。其二，建立法律援助值班律师制度，依法为更多的刑事诉讼当事人提供法律援助。其三，建立法律援助参与申诉案件代理制度，逐步将不服司法机关生效民事和行政裁判、决定，聘不起律师的申诉人纳入法律援助范围。其四，法律援助咨询服务全覆盖，拓展基层服务网络，推进法律援助工作点向城乡社区延伸，依托互联网、新媒体等形式，向偏远的基层地区和农村贫困地区辐射。

第二十七讲
坚持依法治国和以德治国相结合

党的十八届四中全会提出,法律是治国之重器,良法是善治之前提。建设中国特色社会主义法治体系,必须坚持立法先行,发挥立法的引领和推动作用,抓住提高立法质量这个关键。要恪守以民为本、立法为民理念,贯彻社会主义核心价值观,使每一项立法都符合宪法精神、反映人民意志、得到人民拥护。坚持以德治国不仅不反对依法治国,相反能更好地推进法治。

一、德法相治的历史渊源[①]

法治与德治相结合,肇始于中国法制文明中的礼法结合的思想。礼法结合的思想是中国古代法制文明的主要特征,也是全面依法治国的重要历史经验。一是礼法结合。礼起源于氏族社会末期的宗教仪式,进入阶级社会以后,被统治者改造成为体现"别贵贱、序尊卑"等级秩序的行为规范。汉儒通过说经解律、注律和引经断狱等途径,引礼入法,使礼的基本规范法律化。至唐朝,礼法结合、相辅相佐已经形成密不可分的"本""用"关系,《唐律疏议》名例篇所说:"德礼为政教之本,刑罚为政教之用,犹昏晓阳秋相须而成者也。"二是以人为本。西周统治者,从"天命靡常"中发现民情即民心的向背对于维持政权统治的重要作用,因而提出了"人无于水监,当于民监"的卓越命题。人的地位提高了,天的地位下降了,民心的价值得到了重视,神

[①] 《习近平在英首提"中华法制"意义非凡》,《学习中国》,2015年10月22日。

鬼的价值遭到了冷淡。中国古代人本主义就是从西周重视人情民心,鼓吹"民之所欲,天必从之"的历史背景中发端的。春秋战国时期"礼崩乐坏"的社会大变动,进一步彰显了民心向背对于国家兴衰所起的决定性作用,所谓"国将兴,听于民;将亡,听于神"。先秦时期的重民思想,经过儒家的提炼与升华,终于演绎成以人为本的价值理论,其成熟的形态和标志就是儒家思想体系中"仁学"的创立,它是中国传统文化由神本位向人本位过渡的重要里程碑。儒家人本主义重视人的价值和尊严,所谓"天地之性人为贵",而且立足现世,以积极务实的态度关注人生。三是伦理立法。中国古代社会是以家族为本位的,宗法血缘关系有着很强的约束力。在此基础上形成的人伦尊卑的等级秩序,即所谓伦常。为了维护伦理关系而制定的法律规范,构成了伦理立法。由于伦常关系影响着立法,渗透于立法,因此在中国古代法典中伦理立法占有很大的比重,是反映中华法制文明特殊性的一个重要方面。四是法"致中和"。《礼记·中庸》:"喜怒哀乐之未发,谓之中,发而皆中节,谓之和,中也者,天下之大本也,和也者,天下之达道也,致中和,天地位焉,万物育焉。"由此可见,德治和法治运用得较好的时期,出现盛世,如贞观之治、文景之治、康乾盛世;德治和法治废弃时,国家也多出现不稳定,如秦二世而亡。

二、法治和德治的地位

法律是成文的道德,道德是内心的法律,法律和道德都具有规范社会行为、维护社会秩序的作用。治理国家、治理社会必须一手抓法治、一手抓德治,既重视发挥法律的规范作用,又重视发挥道德的教化作用,实现法律和道德相辅相成、法治和德治相得益彰。法律的有效实施有赖于道德支持,道德践行也离不开法律约束。法律难以规范的领域,道德可以发挥作用,而道德无力约束的行为,法律则可以惩戒。法律是准绳,任何时候都必须遵循;道德是基石,任何时候都不可忽视。法治是治国理政的基本方式,依法治国是基本方略,法治具有根本性、决定性和统一性,它强调对任何人都一律平等,任何人都必须遵守法律。德治是治国理政的重要方式,以德治国就是通过在全社会培育、弘扬社会主义核心价值观和社会主义道德,对不同人群提出有针对性的道德要求。二者犹如车之双轮、鸟之两翼,相互联系,相互补充,缺一不可。

三、德治与法治之区别

德治和法治毕竟是两种不同的社会调节手段,二者在相互配合时,我们应该关注二者的区别。

其一,实现方式和实施载体不同。法治主要依靠制定和实施法律规范的形式来推进和实施,国家要保护什么、不保护什么,倡导什么、禁止什么,都得有明确的法律依据,实行法有禁止不得为,体现的是规则之治。德治主要依靠培育和弘扬道德等途径来推进和实施,道德是内心的法律,以价值、精神和理念等形式表现出来,引导人们自觉地在行动上符合道德才可为,违反道德不可为。

其二,约束作用的内在要求和表现形式不同,行为人违反两种规范以后承担的后果也不相同。法治发挥作用要以国家强制力为后盾,主要依靠法律的预测作用、惩罚作用、威慑作用和预防作用对公民和社会组织的行为进行约束,并对违反法律的行为追究法律责任;德治发挥作用主要通过人们的内心信念、传统习俗、社会舆论等进行道德教化,并对违反道德的行为进行道德谴责。

道德与法律是社会不可离开的两种调节器。在一个好的社会中,法律与道德缺一不可。完整的治国方略应该把法律手段与道德手段有机结合起来,依法治国与以德治国相结合,才能把国家治理好。

四、法治和德治的相互作用

(一)强化道德对法治的支撑作用

坚持依法治国和以德治国相结合,应重视发挥道德的教化作用,提高全社会文明程度,为全面依法治国创造良好的人文环境;在道德体系中体现法治要求,发挥道德对法治的滋养作用,努力使道德体系同社会主义法律规范相衔接、相协调、相促进;在道德教育中突出法治内涵,注重培育人们的法律信仰、法治观念、规则意识,引导人们自觉履行法定义务、社会责任、家庭责任,营造全社会都讲法治、守法治的文化环境。道德是法律的最高限度,法律是道德的底线。

【案例】

于欢案件:从无期徒刑改判有期徒刑五年——关注人性

2014年7月和2015年11月,于欢母亲苏银霞两次分别向吴学占借款100万元和35万元,约定月利息10%,2016年4月14日,山东某地产公司老板吴学占带领10人来到于欢母亲苏银霞的公司催债,随后将于欢母子连同一名职工控制在接待室,进行辱骂、殴打。其间,催债人杜志浩甚至露出下体侮辱苏银霞,令于欢濒临崩溃。当报警无果后,于欢从桌上摸起一把水果刀乱捅,造成一人死亡、两人重伤、一人轻伤的后果。2017年2月17日,山东省聊城市中级人民法院一审以故意伤害罪判处于欢无期徒刑。原告、被告不服一审判决,分别提出上诉,6月23日,山东省高院二审以故意伤害罪判处于欢有期徒刑五年。那么,为什么会改判?一审和二审判决反差巨大的原因在哪?

由于吴学占等人催逼高息借贷本身违法,且在苏银霞受到威胁多次报警后,吴学占等人的不法逼债行为仍未收敛,杜志浩等人在较长时间里对于欢母子实施了限制人身自由的非法拘禁行为、侵害人格名誉的侮辱行为并对于欢有推搡、拍打、卡颈部等肢体行为,甚至杜志浩曾当着于欢之面公然以裸露下体的方式侮辱其母亲苏银霞。杜志浩的行为严重违法、亵渎人伦。司法的本意应该是建立在人性的基础之上的,追求"善"是司法的终极目标,二审法院正是将辱母情节作为于欢正当防卫原因的重要情节予以考虑的基础之上进行客观的评价,做出了公正的裁判。

(二)把道德要求贯彻到法治建设中

以法治承载道德理念,道德才有可靠制度支撑。法律法规要树立鲜明的道德导向,弘扬美德义行,立法、执法、司法都要体现社会主义道德要求,使社会主义法治成为良法善治。要把实践中广泛认同、较为成熟、操作性强的道德要求及时上升为法律规范,引导全社会崇德向善。要坚持严格执法,弘扬真善美,打击假恶丑。要坚持公正司法,发挥司法断案惩恶扬善功能。

在立法中把一些基本道德规范转化为法律规范,使法律法规更多体现道德理念和人文关怀,通过法律的强制力来强化道德作用、确保道德底线,推动全社会道德素质提升。发挥好道德的教化作用,必须以道德滋养法治精神、强化道德对法治文化的支撑作用。再多再好的法律,必须转化为人们内心自觉才能真正为人们所遵行。"不知耻者,无所不为。"没有道德滋养,法治文化就缺乏源头活水,法律实施就缺乏坚实社会基础。

【案例】

从"彭宇"到"杨帆":让好人不再流泪

2006年11月20日,原告徐寿兰在南京市水西门广场一公交站台被撞倒摔成了骨折,徐寿兰指认撞人者是刚下车的被告彭宇,彭宇在一审期间曾一度否认撞人事实,但最终还是承认了撞人的事实,双方在二审期间达成了和解协议,案件以和解撤诉结案。此后,谁都没想到,彭宇案件给社会造成了巨大的影响:不是有没有碰撞老人,而是"人跌倒后能不能扶"。一段时间内,人人自危,如果有人一旦倒地不起,大家面临两种选择,一是等待公力救援,这种救援很难做到非常及时;二是亲友来救助,但很多时候也无法第一时间联系到亲友。悲剧时有发生,导致社会道德下滑。

为解决这一难题,2017年《民法总则》实施,第184条(俗称为"好人法")尤引人瞩目,"因自愿实施紧急救助行为造成受助人损害的,救助人不承担民事责任"。但这个条款的诞生也是一波三折。从2016年12月到2017年3月,第184条经历了3次修改:从"实施紧急救助行为造成受害人损害的,除有重大过失外,救助人不承担民事责任"到删除"重大过失"这几个字,足以体现通过立法回应近年来老人倒地不敢扶等社会热点问题,从法律层面鼓励更多人勇敢伸出援手,为好人撑腰的立法精神。

2017年9月4日,郑州一个名叫杨帆的被告再次引起了社会的关注。他在生活小区电梯内劝阻老人吸烟,后老人因心脏病猝死,一审判决被告杨帆补偿老人家属1.5万元。老人家属不服,上诉至郑州中院,2018年1月23日,郑州市中级人民法院宣判:(1)撤销河南省郑州市金水区人民法院(2017)豫0105民初14525号民事判决;(2)驳回老人家属田某某的诉讼请求。即"撤销原判决,驳回原告诉讼请求,劝烟者无责"。

在一审被告没有上诉的情况下,二审法院做出了有利于一审被告的判决,看似违反常理。但事实上,这个判决首先是不和稀泥。公平责任的前提是双方都无过错的前提下承担,本案被告劝烟行为是出于"善",被告对原告家属的死亡不存在因果关系,没有因果关系就没有责任分配。不能仅因为原告家属死亡,要求被告承担道义上的责任。无论这个道义上的责任是多少,均不符合法治的理念,而且可能会给公众造成这样的一种误导:未来还可以"多管闲事"吗?所以,改判是对好人立法的支持,纠正了彭宇案件带来的负面影响,重塑了社会的公平和正义,维护法律尊严、弘扬社会正能量,并向公众传达了信号,让公众形成敢于做好事、勇于做好事的风气,避免像彭宇案件造成的一系列负面效应,将法治和德治在社会生活中的作用完美结合。

(三)运用法治手段解决道德领域突出问题

法律是底线的道德,也是道德的保障。要加强相关立法工作,依法加强对群众反映强烈的失德行为的整治。

【案例】

限制失信被执行人子女就读私立学校强制执行案

蒋某因被判令对案涉借款本金734万余元及利息承担连带清偿责任,判决生效后,蒋某未履行生效判决确定的给付义务。2016年10月,债权人何某向法院申请强制执行。

2016年11月,执行法院审查认定蒋某对生效判决有能力履行而拒不履行,系失信行为,将其纳入失信被执行人名单,随后,法院采取了查封、扣押的财产拍卖等强制执行措施,但743万余元款项仍未全部执行。2018年8月,执行法官得到线索,蒋某在拒不履行的情况下,其子女却在每年收费数万元的私立学校就读,根据《最高人民法院关于限制被执行人高消费及有关消费的若干规定》第三条第七项规定,限高令包括限制子女就读高收费私立学校。执行法院向该区教育局及案涉私立学校发送协助执行通知书,要求协助限制蒋某子女就读高收费私立学校,并与被执行人所在地的教育部门沟通协调,在新学期开学前将蒋某子女转至公立学校就读。

执行难一直是困扰法院多年的难题。从2015年最高人民法院颁发《关于限制被执行人高消费及有关消费的若干规定》到2016年中共中央办公厅、国务院办公厅《关于加快推进失信被执行人信用监督、警示和惩戒机制建设的意见》印发,运用法治手段解决老赖行为,加大了执行的力度,督促被执行人自觉履行债务,提升了法院的执行率,让老赖寸步难行。

四、防止两极分化、法律道德化

法治和德治是互补的,但是两者之间的界限应该很好地把握,要注重二者的协调,避免两极分化。法律是道德的最低标准,如果世界都是以道德为评判标准,则成为舆论的暴力;如果所有的事情都是用法律评判,则变成了警察世界。

【案例】

医护人员"集体放弃"抗疫补助

2020年,为抗击新冠病毒疫情,医务人员挺身而出,那医务工作者用命救治患者,该不该得到物质上的回报?2020年3月,云南昭通彝良县人民医院150名医务人员通过《昭通日报》宣布,放弃申领总金额约30万元的抗疫补助金,并表示抗疫系职责所在,希望把补助发给湖北等疫情严重地区的医务人员。当媒体镜头对准医务人员的时候,照着稿子读的感染科护士长还说了这样一句话:"比起湖北武汉等疫情严重地区的医务人员的辛苦,我们的付出微不足道。"

根据人社部《关于建立传染病疫情防治人员临时性工作补助的通知》,就补助金的发放范围、补助标准、计发办法、经费来源、执行时间、工作要求均做了详细规定,这是属于法定的分配,那么就应该依法发放。当然如果个人以其他形式捐献出来,那是个人捐献。不宜在尚未发放的时候,就通过申明的形式宣布放弃。不能用道德绑架法律,法律是最低的道德准则,道德是更高的行为标准。好人有好报,才会涌现出更多的好人,这才是健康社会应有的样子。

第二十八讲
坚持从中国实际出发

走什么样的法治道路、建设什么样的法治体系，是由一个国家的基本国情决定的。当前，中国特色社会主义进入新时代，社会主要矛盾已经转化为人民日益增长的美好生活需要和不平衡不充分的发展之间的矛盾。建设法治中国，必须从我国实际出发，同完善和发展中国特色社会主义制度、推进国家治理体系和治理能力现代化相适应，既不能罔顾国情、超越阶段，也不能因循守旧、墨守成规。

一、坚持从实际出发

全面推进依法治国必须走对路。要从中国国情和实际出发，走适合自己的法治道路，决不能照搬别国模式和做法。

【案例】

为什么中国不适用西方的"司法独立"

全面推进依法治国，必须走对路。如果路走错了，南辕北辙了，那再提什么要求和举措也都没有意义了。司法体制改革不仅是中国政治体制改革的重要组成部分，而且在某种意义上成了中国政治体制改革的突破口。司法体制改革的目标是优化司法职权配置，规范司法行为，建设公正高效权威的社会主义司法制度,保证审判机关、检察机关依法独立公正地行使审判权、检察权。为什么中国不适用西方的"司法独立"有以下原因。

第一,从社会制度上讲,"司法独立"在我国不具有适用性。从本质上讲,西方"司法独立"是以资本主义私有制为基础,与多党制、三权分立等制度相辅相成的,是为资产阶级统治和资产阶级利益服务的,与社会主义制度不符合。政治制度不能脱离特定社会政治条件和历史文化传统来抽象评判。我国是人民民主专政的社会主义国家,人民代表大会制度是我国根本制度。中国共产党的领导是中国特色社会主义最本质的特征,是社会主义法治最根本的保证。我国的司法权必须立足于我国的国体政体,必须坚持党的领导,必须受到人民代表大会的监督。①

第二,西方"司法独立"过于强调形式正义,不可能在中国实现司法公正的最终目的。公平正义是中国特色社会主义的内在要求。我们国家公平正义既包含程序公正,也包含实体公正。而在西方的审判下,存在诸多以形式正义为价值导向的制度,诉讼技巧的作用往往会大于案件事实,以辛普森杀妻案件为例,最终辛普森被无罪释放了,但是如果在中国,大多数人认为辛普森是不会被认定为无罪的。当时,辛普森请来了美国的梦之队律师团为其辩护,不是每一个人都有能力负担高昂的律师费,当诉讼当事人诉讼能力悬殊时,必然会导致诉讼当事人实际地位不平等,司法公正不可能普遍实现。

第三,西方"司法独立"与我国全面依法治国实践不相适应。我们治国理政的根本,就是中国共产党领导和社会主义制度。必须始终坚持党的领导、人民当家作主、依法治国相统一,坚持依法治国和以德治国相结合,依法治国和依规治党有机统一。司法必须与立法、执法、守法等其他依法治国内容相协调。而西方司法否定党对政法工作的领导,主张司法权与立法权和

---

① 参见范明志:《西方"司法独立"为什么在中国走不通》,《求是》,2018年1月15日。

行政权完全分割、对立起来,并使司法优位于立法和行政。①

二、突出法治道路的中国特色、实践特色、时代特色

中国特色法治道路就要汲取中华传统法律文化精华,总结和运用党领导人民探索社会主义法治道路的成功经验,围绕社会主义法治建设重大理论和实践问题,推进法治理论创新,构建符合中国实际、具有中国特色、体现社会发展规律的社会主义法治理论和话语体系,为依法治国提供理论指导和学理支撑。

【案例】

马锡五审判方式在当代运用

马锡五审判方式是由陕甘宁边区陇东分区专员兼边区高等法院分庭庭长马锡五首创,是抗日战争时期在陕甘宁边区实行的一套便利人民群众的审判制度。它具有以下特点:第一,深入群众。马锡五走出法庭,就地审判,依职权调查案情,帮助举证能力欠缺的群众维护其合法权益。第二,审判与教育相结合。马锡五在审判中,通过审判工作,宣传法纪,教育人民爱护边区人民政权,遵守革命秩序,积极参加抗日救国事业,借以减少和预防犯罪。第三,注重调解。马锡五在审判过程中依靠群众,采用便利当事人的方式开庭审理,注意听取周围群众对纠纷解决的意见,注重纠纷的预防和化解矛盾。

当代,运用马锡五审判方式的内核,构建符合中国实际、具有中国特色的审判方式。第一,开展巡回审判活动,切实让人民群众在每一个司法案件中感受到公平正义。我国诉讼制度改革后,法官从职权主义向当事人主义倾斜,强调当事人的举证责任;但对于长期生活在偏远的农村,出行不便、文

---

① 参见范明志:《西方"司法独立"为什么在中国走不通》,《求是》,2018年1月15日。

化素质不高、诉讼能力弱、认为情理重于法律的当事人来说,他们所需要的正是马锡五审判方式中的巡回审理、就地开庭、方便当事人诉讼等审理方法和审判原则;需要法官利用地方性知识、发挥个人人格魅力的工作方法,查清案件事实,维护人民群众合法权益。

第二,坚持普法工作与法治实践相结合。把法治宣传教育融入法治实践全过程,在法治实践中加强法治宣传教育,不断提高国家机关法治宣传教育的实际效果。2017年中共中央办公厅、国务院办公厅《关于实行国家机关"谁执法谁普法"普法责任制的意见》指出,审判机关在审判的同时,更注重法律的普及和教育,法院不再是神秘、高高在上,通过法庭开放日、庭审直播、庭审进校园、庭审进社区,法院以案说法,向公众普及法律知识,让更多的公众知法、懂法、尊法、守法。

第三,灵活适用调解方法,妥善化解矛盾纠纷。为贯彻落实《中共中央关于全面推进依法治国若干重大问题的决定》以及中共中央办公厅、国务院办公厅《关于完善矛盾纠纷多元化解机制的意见》,2016年,最高人民法院发布《关于人民法院进一步深化多元化纠纷解决机制改革的意见》指出,建设功能完备、形式多样、运行规范的诉调对接平台,畅通纠纷解决渠道,引导当事人选择适当的纠纷解决方式;合理配置纠纷解决的社会资源,完善和解、调解、仲裁、公证、行政裁决、行政复议与诉讼有机衔接、相互协调的多元化纠纷解决机制;充分发挥司法在多元化纠纷解决机制建设中的引领、推动和保障作用,最终实现建立和完善具有中国特色的多元化纠纷解决体系。

三、学习借鉴世界上优秀的法治文明成果

从我国实际出发,不等于关起门来搞法治。坚持走中国特色社会主义法治道路,必须学习借鉴世界上优秀的法治文明成果。法治的精髓和要旨对于国家治理和社会治理具有普遍意义。学习借鉴不是简单的拿来主义,不能将某种法治理论或成果当成唯一准则,不能企图用一种法治模式来改造整个世界。必须坚持以马克思主义法学理论为指导,坚持以我为主、为我

所用,合理吸收国外法治理论、法学概念、法律话语、法律方法,不能搞"全盘西化",不能搞"全面移植"。

【案例】

中国法律修改:从加入WTO到"一带一路"

西方市场经济历史悠久,法律制度较为完备,中国要学习西方市场经济的法律和法规、市场经济模式、用法律手段规范市场主体及其行为。这些法律制度,反映市场经济的规律性、共同性,只要符合中国国情,可以大胆借鉴。

中国在加入WTO过程中,2000年至2002年分别对海关法、中外合作经营企业法、外资企业法、中外合资企业法、专利法、商标法、著作权法、进出口商品检验法、保险法等相关法律进行了修改。比如著作权法中提到的:扩大了著作权保护的客体范围;对作品合理使用的范围增加了进一步严格的限制;充实了著作权的权利内容;明确了表演者的获酬权及其权利保护期;增加了诉前证据保全和财产保全以及对侵犯著作权行为的制裁措施。

2015年,中国提出"一带一路"倡议。2018年,我国与"一带一路"沿线国家和地区服务进出口额达到1 217亿美元,占我国服务贸易总额的15.4%,我们与"一带一路"沿线国家在金融、贸易、工业、基础设施建设、劳工等领域均有广泛的合作与交流。各国的政治、经济、文化、宗教及法律的不同,投资者会遇到各国之间不同的法律规则,如何妥善解决"一带一路"建设中产生的法律问题,2018年6月,中共中央办公厅、国务院办公厅印发《关于建立"一带一路"国际商事争端解决机制和机构的意见》,研究借鉴现行国际争端解决机制的有益做法,设立符合"一带一路"建设参与国国情特点并被广泛接受的国际商事争端解决新机制和机构,公正高效便利解决"一带一路"建设过程中产生的跨境商事纠纷。

从中国加入WTO修改相关的法律制度,到"一带一路"建设中汲取国际争端解决机制有益做法,中国在坚持走中国特色社会主义法治道路的过程中不断走向世界。

第二十九讲
法治思维的概念

2015年司法考试中出现了这么一道题目,母亲和女友同时落水,先救谁？网友们炸锅了:有救女友的、有救母亲的,还有考虑母亲和女友到底距离你多远的,想法千奇百怪,为什么会出现这么多想法,就在于思考问题的角度不同。

一、法治思维的概念

法治思维是指以法治价值和法治精神为导向,运用法律原则、法律规则、法律方法思考和处理法律问题的思维模式。

需要明确法治思维的四个维度。第一,法治思维是以法治价值精神为指导,蕴含着公正、平等、民主、人权等法治理念,是一种正当性思维,如果丧失了公平和正义,法律终究会被废止。第二,法治思维是以法律原则和法律规则为依据来指导人们的社会行为,是一种规范思维。比如,在思维模式中,还可以存在道德思维、宗教思维,但是他们都不是以"规范原则"为指导思考问题。第三,依法办事是经过充分社会博弈,是被充分证明的处理社会矛盾的最优方案,是将社会博弈降到最低的经济选择,法治思维是可靠的理性思维,而不是被情绪左右的冲动选择。法治思维以法律手段与法律方法为依托分析问题、处理问题、解决纠纷,是一种稳定的逻辑思维。第四,法治思维是一种符合规律、尊重事实的科学思维。比如,我们熟悉的彭宇案件,一段时间以来,很多人都归咎为法官错判了案件导致彭宇蒙冤,随后也发生了类似救人者被讹事件。但人们很少从法律角度思考,为什么他们会败诉?是因为证据规则,法律责任的认定是建立在对双方证据的认定的基础之上的,这就是法治思维是一种融法律的价值属性和工具理性于一体的特殊的高级法律意识。

二、法治思维与人治思维的区别

培养法治思维,必须抛弃人治思维。改革开放初期,邓小平同志就强调指出:"要通过改革,处理好法治和人治的关系。"中共十八大以来,习近平同志深刻地阐述了厉行法治、摒弃人治的历史规律和深远意义。他指出:"法治和人治问题是人类政治文明史上的一个基本问题,也是各国在实现现代化过程中必须面对和解决的一个重大问题。综观世界近现代史,凡是顺利实现现代化的国家,没有一个不是较好解决了法治和人治问题的。相反,一些国家虽然也一度实现快速发展,但并没有顺利迈进现代化的门槛,而是陷入这样或那样的'陷阱',出现经济社会发展停滞甚至倒退的局面。后一种情况很大程度上与法治不彰有关。"

法治思维与人治思维的区别集中体现在四个方面:一是依据不同,法治思维认为国家的法律是治国理政的基本依据,处理法律问题要以事实为根据、以法律为准绳;人治思维的本质是人高于法或权大于法,它主张凭借个人尤其是掌权者、领导人的个人魅力、德性和才智来治国平天下。二是在方式上,法治思维以一般性、普遍性的平等对待方式调节社会关系,解决矛盾纠纷,坚持法律面前人人平等原则,反对亲疏远近,追求具有稳定性和一贯性;而人治思维漠视规则的普遍适用性,按照个人意志和感情进行治理,具有极大的随意性和非理性,治人者以言代法、言出法随、朝令夕改,具有极大的任意性和非理性。三是在价值上,法治思维强调集中社会大众的意志来进行决策和判断,是一种多数人之治的思维,要求尊重社会大多数人的意见,并且按照这些意见来进行决策,所以它的民主是建立在法律基础上的;

而人治思维是个人说了算的专断思维,虽然有时也强调集思广益进行治理或者做出决定,但主要表现为少数人的集权专断。四是在标准上,法治思维与人治思维的分水岭不在于有没有法律或者法律的多寡与好坏,而在于最高的权威究竟是法律还是个人。法治思维以法律为最高权威,强调必须使民主制度化、法律化,使这种制度和法律不因领导人的改变而改变,不因领导人的看法和注意力的改变而改变,人治思维则奉领导者个人的意志为最高权威,当法律的权威与个人的权威发生矛盾时,强调服从个人而非服从法律权威。相对于人治,法治是一种"规则之治、民主之治、平等之治、良法之治、程序之治",它能够给人以预期,而人治是难以预期的。

第三十讲
法治思维之法律至上

法治思维主要表现为价值取向和规则意识两个方面。价值取向是指如何看待和对待法律,规则意识是指如何用法律看待和对待自身。一般来讲,法治思维主要包括法律至上、权力制约、公平正义、权利保障、正当程序等内容。本讲学习法律至上。

一、法律至上的概念

法律至上是指在国家或社会的所有规范中,法律是地位最高、效力最广、强制力最大的规范。现代国家有很多规范,如宗教规范、道德规范、团体规范和行业规范等。法律至上要求这些规范都不得超越法律规范,不得与法律规范相抵触。这里的法律,既包括宪法,也包括其他一般法律。

法律至上尤其指宪法至上,因为宪法具有最高的法律效力,是其他一切法律的依据。2018年3月,十三届全国人大一次会议通过宪法修正案,将全国人大法律委员会修改为全国人大宪法和法律委员会。宪法和法律委员会的设立,突出了宪法至上性,加强宪法监督解释,推进合宪性审查工作。

法律至上还包括适用法律(狭义)优先。如《合同法》关于合同无效的法定情形,第五项违反法律、行政法规的强制性规定。这里面合同无效要么违反法律规定,要么违反行政法规强制性的规定;如果合同与地方性法规或者部门规章的规定相抵触,但不属于合同法规定欺诈、胁迫,损害国家利益;恶意串通,损害国家、集体或者第三人利益;以合法形式掩盖非法目的;损害社会公共利益无效情形的,则不能当然认定合同无效。

二、法律至上的特征

法律至上具体表现为法律的普遍适用性、优先适用性和不可违抗性。

(一)法律的普遍适用性

法律的普遍适用性是指法律在本国主权范围内对所有人具有普遍的约束力。所有国家机关、社会组织和公民个人都必须遵守法律,依法享有和行使法定职权与权利,承担和履行法定职责与义务。

【案例】

不论是谁挑战防疫措施,都该一断于法

2020年新冠病毒在世界上爆发,有些外国人在疫情期间进入中国境内,但并未遵守中国的法律规定。在青岛,3名留学生强行插队检测,对中国人出言不逊;在广东,一名外籍新冠肺炎确诊患者不配合抽血检查,并试图强行走出隔离病房,一名护士阻拦时被其推倒在地,甚至疯狂到恶意咬伤护士脸部。对此,光明时评指出,"涉外"因素看似复杂、敏感,其实只要在法律适用上做到一碗水端平,不把外国人作案当成特殊案情,一断于法,很多问题就自然解决了。公众要求的还是公平适用法律,基层工作者和一线执法人员也需拿捏到公众情绪化表达后面的核心诉求。在中国的主权范围内,法律有属地管辖原则,必须遵守中国的法律。在防疫的特殊时期,来华外国人也必须履行相关隔离、防控的责任,任何人都没有特权,没有"超国民待遇",公平适用法律恰恰是中国法治的体现。

(二)法律的优先适用性

法律的优先适用性是指当同一项社会关系同时受到多种社会规范的调

整而多种社会规范又相互矛盾时,要优先考虑法律规范的适用。

【案例】

青岛"新冠高架"该不该改名

2011年,位于山东青岛的北起杭鞍高架路,南止莘县路的路上架起一座立交桥,当时青岛市政府根据《青岛市地名管理条例》的规定,将这座桥命名为"新冠高架桥"。但是今年新冠疫情暴发后,老百姓对"新冠"这个词非常厌恶,有网友写信给青岛市市长信箱,每天上下班都需要通行"新冠"高架路,心里感觉总不得劲儿,我们坚信武汉必将战胜新冠,为此网友们建议青岛市将"新冠"高架路更名为"武汉"高架路,以表示武汉必胜、中国必胜的信心。从情感上讲,是可以更名的,这里蕴含着美好的祝福。但从法律上讲,新冠高架的命名于法有据,而且命名过程中没有违反相关程序和公序良俗,仅因为情感上的选择而要求更名,违背了法律的优先适用性。

(三)法律的不可违抗性

法律的不可违抗性是指法律必须遵守,违反法律要受到惩罚。任何人不论权力大小、职位高低,只要有违法犯罪行为,就要依法追究其法律责任。养成法律至上思维,对于自觉遵守法律、维护法律权威意义重大。

【案例】

律师调查取证权权利来源

2019年9月16日,济源市大峪镇乔沟新村某村民因其丈夫死亡的待遇问题与他人发生民事纠纷,而与河南某律师事务所签订委托代理合同并出具授权委托书,委托河南俊卿律师事务所律师党律师、任律师为其诉讼代理人。接受委托后,为查清侯世波的死亡待遇领取情况,2019年9月17日,党律师持本人的律师执业证、河南某律师事务所出具的调查专用证明,到济源人社局进行调查取证,但遭到拒绝。

济源人社局认为律师没有持人民法院签发的律师调查令,而且,律师调查可能造成他人信息泄露,所以拒绝了律师的调查申请。本案反映了律师在调查取证过程中遇到的尴尬。济源人社局是行政机关,理论上讲享有行政执法权力,而律师没有执法权力,调查取证过程中如果有调查令,当然非常方便。但调查令不是针对所有案件取证开出,除非符合法定情形。本案通过法院确认了律师调查取证权的权利来源。

根据《中华人民共和国民事诉讼法》第六十一条关于"代理诉讼的律师和其他诉讼代理人有权调查收集证据,可以查阅本案有关材料",《中华人民共和国律师法》第三十五条第二款关于"律师自行调查取证的,凭律师执业证书和律师事务所证明,可以向有关单位或者个人调查与承办法律事务有关的情况"的规定,律师具有自行调查取证权。即律师调查取证权是源自法定,任何权力都不能与法律相违抗,否则有可能会承担法律责任;同样,对于济源人社局所担心的律师泄密问题,《律师法》中也有相应的规定,"律师对在执业活动中知悉的委托人和其他人不愿泄露的有关情况和信息,应当予以保密",因此,律师也不应该借助于自己的特殊的身份,而违反法律义务,否则也会承担相应的责任。

第三十一讲
法治思维之权力制约

权力制约是指国家机关的权力必须受到法律的规制和约束。在我国，国家权力是人民的，即一切权力为民所有；国家权力是为人民服务的，即一切权力为民所用。因此，只有依法对权力的配置和运行进行有效制约和监督，才能防止权力私用、权力滥用和权力腐败。

【案例】

许某某与金华市婺城区人民政府行政强制及行政赔偿案

许某某系金华市婺城区私营企业主。2014 年 9 月 26 日，婺城区建筑工程有限公司受婺城区改造工程指挥部委托拆除许某某房屋。直到 10 月 25 日，婺城区政府才做出征收决定，许某某被拆除房屋才被纳入征收范围。许某某向法院提起行政诉讼，请求确认婺城区政府强制拆除其房屋的行政行为违法，同时提出包括赔偿房屋、停产停业损失、物品损失在内的三项行政赔偿请求。

浙江省金华市中级人民法院一审判决确认婺城区政府强制拆除房屋行为违法，责令婺城区政府在判决生效之日起 60 日内参照补偿方案对许某某进行赔偿。许某某不服上诉，浙江省高级人民法院二审认为：案涉房屋虽被婺城区政府违法拆除，但该房屋被纳入征收范围后，仍可通过征收补偿程序获得补偿,许某某通过国家赔偿程序解决案涉房屋被违法拆除损失,缺乏法律依据。故维持一审有关确认违法判决,驳回许某某其他诉讼请求。许某某不服,向最高人民法院第三巡回法庭申请再审。

最高法第三巡回法庭审理认为,根据法律法规的规定,征收、补偿与强制搬迁,是市、县级人民政府及其职能部门的法定职权,该行为是行政行为。婺城区建筑公司拆除许某某房屋的法律责任应当由婺城区政府承担,婺城区政府既未做出征收决定,也未做出补偿决定,径行对案涉房屋实施强制拆除,属于重大明显违法,应当根据国家赔偿法的规定,承担相应的行政赔偿责任而非征收补偿责任。

本案体现了权力制约中的权力由法定、有权必有责、用权受监督、违法受追究四项要求。

一、权力由法定

权力由法定是权力制约的基础和法源。法无授权不可为,指国家机关的职权必须来自法律明确的授予。国家机关必须严格依照法律规定的权限范围行使职权,而不得行使法律未授予的权力。关于拆迁主体合法性问题,根据《国有土地上房屋征收与补偿条例》第四条规定,市、县级人民政府负责本行政区域的房屋征收与补偿工作。市、县级人民政府确定的房屋征收部门(以下称房屋征收部门)组织实施本行政区域的房屋征收与补偿工作。市、县级人民政府有关部门应当依照本条例的规定和本级人民政府规定的职责分工,互相配合,保障房屋征收与补偿工作的顺利进行。即婺城区人民政府负责婺城区房屋征收补偿工作,婺城区改造工程指挥部是婺城区人民政府确定的房屋征收部门。根据该法第五条规定,房屋征收部门可以委托房屋征收实施单位,承担房屋征收与补偿的具体工作。婺城区改造工程指挥部委托婺城区建筑工程有限公司进行具体的房屋拆迁行为。因此,本案中,婺城区人民政府有权对本城区房屋开展征收补偿。

二、有权必有责

有权必有责,是指国家机关在获得权力的同时必须承担相应的职责和责任。当发生了属于其职权范围内的事项时,国家机关必须履行相应的管理职责。上述案件体现了行政机关有权必有责的法治理念,拆迁征收是行政机关的行使行政权,但该权力必须合法行使,包括符合程序法和实体法规定。被告在 2014 年 10 月 25 日才做出征收决定,许某某被拆除房屋才被纳入征收范围;但实际上该房屋已经提前 1 个月被拆除了,这属于程序上的违法行为。

三、用权受监督

用权受监督,是指国家权力的运行和行使必须接受各种形式的监督,让人民监督权力,让权力在阳光下运行。许某某认为婺城区人民政府强制拆除其房屋的行政行为违法,向法院起诉要求赔偿房屋、停产停业及物品损失,行使公民对国家机关对权力的监督;法院通过一审、二审、再审案件的审判行为,对案件做出裁判。从判决婺城区人民政府行政行为违法和承担补偿责任,到确认行政行为违法,再到确认行政行为违法和承担赔偿责任,充分体现了法院发挥司法评价,加强对国家机关权力监督,防范政府在违法强拆后利用补偿程序回避国家赔偿责任,促进行政机关自觉依法行政,监督行政权力合法性、合理性行使。

四、违法受追究

违法受追究,是指国家工作人员违法行使权力必须受到法律的追究和制裁。养成权力制约思维,要求自觉运用权力、勇于监督权力,同时自觉监督宪法、法律的实施。根据《中华人民共和国国家赔偿法》第四条规定,行政机关及其工作人员在行使行政职权时有下列侵犯财产权情形之一的,受害人有取得赔偿的权利:……(三)违法征收、征用财产的;……因为该房屋是违法拆除,应该承担给与受害人赔偿责任;而不是房屋合法被拆迁后的补偿责任。法院再审判决行政机关承担赔偿责任,亦体现了违法受追究的法治理念,明确宣示产权人因行政机关侵权所得到的赔偿不能低于依合法征收程序应得到的补偿,强化了对公民、法人和其他组织财产权的司法保护。

第三十二讲
法治思维之公平正义

公平正义是指社会的政治利益、经济利益和其他利益在全体社会成员之间合理、公平分配和占有。一般来讲,公平正义主要包括权利公平、机会公平、规则公平和救济公平。

一、权利公平

所谓权利公平是指基本权利不能因为出身、职业、财富等不同而区别对待。具体包括三重含义:一是权利主体平等,国家对每个权利主体"不偏袒""非歧视";二是享有的权利特别是基本权利平等;三是权利保护和权利救济平等。

【案例】

选举:从四分之一到一人一票

1953年选举法规定,农村与城市每一代表所代表的人口数自治州、县为四比一,省、自治区为五比一,全国为八比一。现行选举法是1979年制定,1980年实施,其后经过1982年、1986年、1995年、2004年、2010年、2015年6次修改,在这六次修改中,关于农村和城市人口的选举权尤引人注目。

1982年选举法修改,将县级人大代表名额由农村每一代表所代表的人口数四倍于城镇每一代表所代表的人口数,改为可小于四比一直至一比一;1995年选举法修改,将省、自治区和全国这两级人民代表大会中农村与城市每一代表所代表的人口数的比例,从原来的五比一、八比一修改为四比一;党的十七大提出"逐步实行城乡按相同人口比例选举人大代表",城乡选举权逐步迈向更高层次的平等,这既是我国城市化进程、城乡统筹的现实需要,更是发展社会主义民主政治的必然要求。改革开放以来,我国政治、经济、文化已经有了很大的变化,城乡人口比例也有较大的变化,应当根据新的情况,缩小农村与城市每一代表所代表人口数的比例。2010年选举法修改,确立了城乡按相同人口比例选举人大代表,实行城乡按相同人口比例选举人大代表。我国《选举法》的修改,实现了从四分之一到一人一票,体现了法律上的公平和正义的法治理念。

二、机会公平

所谓机会公平是指生活在同一社会中的成员拥有相同的发展机会和发展前景,反对任何形式的歧视。国家和社会要积极为社会成员的发展创造条件,并努力创造平等的起点;社会成员的发展进步权要受到同等尊重,不断拓展社会成员的发展领域;不仅要关注当代人的平等机会,还要考虑后代人的机会平等。

【案例】

摇号:教育公平的一种方式

无论你是在北上广深,还是在稍微发达一些的二线城市,你都会听说学区房这个概念。2014年1月14日,教育部出台《关于进一步做好小学升入初中免试就近入学工作的实施意见》,教育部的本意是就近入学,但在实际操作中不少家庭为了替子女选择理想的学校,到重点学校、名校所在社区购置房产，也影响了教育公平；而民办学校，由于采取的是公民不同招生，民办优先录取，民办学校有一批掐尖生，尖子生也给民办学校带来了优质生源。但是这些行为本身违反了教育的机会平等。为了减少这种不公平现象，各地出台政策，上海市教委分步骤推进"教育公平"。一方面，推出"不允许书面考试，面谈入学""不收豪华简历""公民同招"等招生新政策；另一方面，通过教育集团化、强校工程等策略，办好学生家门口的公办学校。2020年上海市教委公布《2020年本市义务教育阶段学校招生入学工作的实施意见》规定公民同招，对报名人数超过招生计划的民办学校，实行电脑随机录取；北京有的区在招生的过程中实行多学区随机抽取。这些措施根本目的就是改变强者更强，要通过正常的选择，平衡教育资源，真正使受教育者在同一起跑线上，享受公平的教育资源。

三、规则公平

所谓规则公平是指对所有人适用同一的规则和标准，不得因人而异。包括法律规则面前人人平等、法律内容面前人人平等和法律保护面前人人平等，任何人不得享有法律之外的特权，任何人也不会被法律排除在保护之外。

【案例】

我是人大代表，你们无权处置我！

2019年8月，福建霞浦县苏某辉饮酒后在霞浦县松港街道金山路发现自己的闽JD×××8号小车因违规停车被交警贴告知单后，故意将车行驶至霞浦县太康路正中，以南北朝向将车辆停在太康路中心达23分钟之久，其时正值该路段通行高峰期，导致该路段的拥堵。在交警出警后，苏某辉自称为县人大代表，拒不将车移开。苏某辉的行为已经触犯《刑法》《治安处罚法》,涉嫌危险驾驶和寻衅滋事。法律面前人人平等,人大代表不是特权,也不是身份,而是一份责任的履行,不能因为自己是人大代表而享有法外开恩。

四、救济公平

所谓救济公平是指为权利受到侵害或处于弱势地位的公民提供平等有效的救济。救济公平包括司法救济公平,即司法要公正对待每一个当事人,致力于实现司法公正;行政救济公平,即政府对需要救济的社会成员提供的救济服务要一律平等,不得区别对待;社会救济公平,即社会对需要救济的社会成员提供的社会救济服务要一律平等,不得厚此薄彼。养成公平正义思维,有利于增强实现公平正义的责任感,为促进全社会的公平正义而奋斗。

【案例】

2019年北京为农民工办讨薪案 16 344 件

农民工一直是维权的弱势群体,为了让农民工得到及时便捷的法律咨询和法律援助服务,北京市司法局畅通法律援助渠道,在全市 16 个区劳动仲裁机构设置法律援助窗口,实现劳动仲裁机构法律援助全覆盖。2019 年全市各级法律援助机构全年为在京农民工办理讨薪案件 16 344 件,涉及当事人 20 405 人,占全市民事法律援助案件承办总量 67.4%,有力保护了在京农民工的合法权益。

第三十三讲
法治思维之权利保障

权利保障主要是指对公民权利的法律保障,具体包括公民权利的宪法保障、立法保障、行政保护和司法保障。

一、宪法保障

宪法保障是权利保障的前提和基础。宪法表明尊重和保障人权的鲜明态度,确立保障权利的有效机制,明确列出宪法保障的公民基本权利,能够推动整个国家和法律体系加强权利保障。我国《宪法》就公民基本权利做了规定,包括公民在法律面前一律平等;选举权、言论、出版、集会、结社、游行、示威的自由,民主管理权、监督权等政治权利;生命健康权、人身自由权、人格尊严权、住宅安全权、通信自由权等人身权利;私有财产权、继承权等财产权利;劳动权、休息权、社会保障权、物质帮助权等社会经济权利;宗教信仰及文化权利;妇女、母亲、儿童、老人等特殊群体权利等方面。

二、立法保障

立法保障是权利保障的重要条件。宪法有关基本权利的规定一般较为原则,各项具体权利的保障由立法机关通过立法做出明确规定。

【案例】

《刑事诉讼法》修正案对人权的保障

2012年3月14日,十一届全国人大五次会议通过了新修订的《中华人民共和国刑事诉讼法》,该法最大亮点就是将尊重和保障人权正式写入总则,并将其置于第二条当中,作为刑事诉讼法的一个总任务和原则规定下来,这是自"人权"入宪以来首次被写入国家基本法中。除此之外,在以下七个方面体现了我国着力加强人权保障的立法宗旨。

第一,将被告人委托辩护人的权利阶段提前到侦查阶段,规定了辩护律师的会见权、阅卷权、调查取证权,为尊重与保障犯罪嫌疑人、被告人的人权提供了辩护制度上的保障。第二,举证责任上明确了控方的举证责任;对"证据确实充分"的证明标准进行了完善与细化;并规定了"非法证据排除规则"与"不得强迫任何人证实自己有罪",共同建造了防范刑讯逼供的一道屏障;完善了证人、鉴定人出庭制度与证人保护制度。第三,在强制措施上,为犯罪嫌疑人、被告人的人权在拘留、逮捕等侦查措施上提供了人权保障。第四,在侦查程序上,完善了讯问犯罪嫌疑人、被告人的规定,规定了讯问时全程录音录像制度,严格规定了讯问的时间、地点以及羁押的场所,规定了侦查结束前听取辩护律师意见的制度,强化了检察机关对侦查活动的监督,赋予了利害关系人对于违法侦查行为的申诉、控告的权利,为犯罪嫌疑人、被告人的人权提供了侦查制度上的保障。第五,审判程序的改革,特别是限制二审发回重审的次数以及死刑复核中听取辩护意见,为犯罪嫌疑人、被告人的人权提供了审判程序上的相应保障,标志人权保障在诉讼中朝着诉讼化的方向发展。第六,增加了社区矫正的规定,对罪犯进行社区矫正,为让罪犯能充分改过自新、很快地重新融入社会、不再犯罪提供了制度上的保障,也是尊重和保障罪犯人权的充分体现。第七,专门单设一篇规定了未成年人刑事案件诉讼程序,未成年犯罪的档案封存制度,体现了为犯罪嫌疑人、被告人的人权保障提供了特别的保障。① 为配合刑事诉讼法的实施,2019年,最高人民法院发布《关于依法切实保障律师诉讼权利的规定》,充分发挥律师维护当事人合法权益、促进司法公正的积极作用,是切实保障律师诉讼权利的新的重要举措。

三、行政保护

行政机关在行使行政管理权的过程中必然要涉及处置社会成员的利益问题,很容易发生损害或侵犯公民权利的现象。行政机关是否能够有效地保护公民权利,是权利保障的关键环节,直接反映出一个国家的权利保障状况。

【案例】

《行政诉讼法》中的民生条款

现行《行政诉讼法》是1989年颁布施行,其间历经了2014年和2017年两次修正,以2014年修正尤为瞩目,对于排除"民告官"的种种法律障碍和困难、保障官民争议解决法律渠道的顺畅发挥重要作用。第一,行政机关不得干预、阻碍法院立案。第三条规定,人民法院应当保障公民、法人和其他组织的起诉权利,对应当受理的行政案件依法受理。行政机关及其工作人员不得干预、阻碍人民法院受理行政案件。第二,行政机关应当出庭应诉。第三条规定,被诉行政机关负责人应当出庭应诉。不能出庭的,应当委托行政机关相应的工作人员出庭。第三,扩大受案范围,采取立案登记制。第十二条增加行政机关违法集资、摊派费用或者违法要求履行其他义务的,行政机关没有依法支付抚恤金、最低生活保障待遇或者社会保险待遇的,作为行政

---

① 根据卢金:《浅谈新〈刑事诉讼法〉修正案对人权的保障》摘编,中国法院网,2013年8月29日。

案件受理范围。第五十一条规定,人民法院在接到起诉状时对符合本法规定的起诉条件的,应当登记立案。对于不接收起诉状、接收起诉状后不出具书面凭证,以及不一次性告知当事人需要补正的起诉状内容的,当事人可以向上级人民法院投诉,上级人民法院应当责令改正,并对直接负责的主管人员和其他直接责任人员依法给予处分。第四,异地管辖,减少行政机关干预审判。第十八条规定,经最高人民法院批准,高级人民法院可以根据审判工作的实际情况,确定若干人民法院跨行政区域管辖行政案件。第五,不执行法院判决,可拘留责任人。第九十六条规定,拒不履行判决、裁定、调解书,社会影响恶劣的,可以对该行政机关直接负责的主管人员和其他直接责任人员予以拘留;情节严重,构成犯罪的,依法追究刑事责任。这些措施有力地促进了公民权益的保障和行政效率的提升。

四、司法保障

司法保障是公民权利保障的最后防线,既是解决个人之间权利纠纷的有效渠道,也是纠正和遏制行政机关侵犯公民权利的有力机制。

【案例】

立案登记制

立案难长期以来困扰着司法实践。司法是公民权利保障的最后一道防线,但是如果连案都无法立,谈何最后一道防线。2015年5月以前,立案采用的是审查制,即指当事人向法院提起诉讼时,法院对诉讼要件进行实质审查后,决定是否受理,审查内容包括主体资格、法律关系、诉讼请求以及管辖权等,造成了立案程序繁芜、立案时间较长,有案不能立、有诉不能理的现象,百姓的诉讼权利无法得到保障,激化矛盾、信访量激增。

党的十八届四中全会提出了全面依法治国,最高人民法院积极贯彻落实党的十八届四中全会精神,2015年4月制定发布了《关于人民法院登记立案若干问题的规定》,做出了立案审查制为立案登记制的决定,回归了司法的应有之义。在立案登记制下,法院对当事人的起诉不进行实质审查,仅仅对形式要件进行核对。除了意见规定不予登记立案的情形外,当事人提交的诉状一律接收,并出具书面凭证。起诉状和相关证据材料符合诉讼法规定条件的,当场登记立案。立案登记制降低了法院的"门槛",化解了社会矛盾、保障人民诉权、减少涉诉信访,维护了人民的权利。

第三十四讲
法治思维之正当程序

正当程序,是指做一件事情,往往需要按照一定的程序,只有按照程序做,才能防止主观任性、无序混乱。只有严格按照法律程序办事办案,处理结果才可能公正并具有公信力和权威性。正当程序,表现在程序的合法性、中立性、参与性、公开性、时限性等方面。

一、合法性

合法性是指程序运行合乎法律的规定,有关机关或个人不得违反或变相违反。程序合法性是正当程序原则的核心。而证据合法性又是程序合法性的核心。所谓证据合法性就是通过对证据的三性(证据合法性、真实性和关联性)进行举证和质证后获得的证据,才是合法的证据。

【案例】

念斌犯投放危险物质罪:疑罪从无

2006年8月9日,念斌因涉嫌投放危险物质罪被福建省平潭县公安局刑事拘留,同年8月18日被批准逮捕。2008年2月1日,福州市中级人民法院以投放危险物质罪判处念斌死刑。念斌不服提出上诉,由于事实不清、证据不足,该案多次发回重审和补充侦查。2014年8月22日,福建省高级法院判决念斌无罪,并于当日释放。念斌被羁押8年14天。

就念斌犯投放危险物质罪,福建省高院认定,两个被害人系中毒死亡,但原判认定致死原因为氟乙酸盐鼠药中毒依据不足,认定的投毒方式依据不确实,毒物来源依据不充分,与上诉人的有罪供述不能相互印证,相关证据矛盾和疑点无法合理解释、排除,全案证据达不到确实、充分的证明标准,不能得出系上诉人念斌作案的唯一结论。

按照法律规定,被改判为无罪证据确凿、事实清楚的,这就是"亡者归来",如湖北佘祥林"故意杀妻案"和河南赵作海"故意杀人案";或"真凶再现",如内蒙古呼格吉勒图案;念斌案件不属于这一种情况,而是属于第二种情况,即疑罪从无。《刑事诉讼法》第一百九十五条第(三)款规定:"证据不足,不能认定被告人有罪的,应当做出证据不足、指控的犯罪不能成立的无罪判决。"根据控辩双方在法庭上的举证和质证,侦查机关取证程序不规范、证据与证明之间没有关联性,最终导致证据链的断裂,福建省高院排除侦查机关不规范行为所得证据,最终认定念斌无罪。

二、中立性

程序的中立性是指程序设计和运行应平等地对待双方当事人,不得偏向任何一方。中立性原则体现在以下方面:第一,回避制度。审判人员、书记员、翻译人员、鉴定人、勘验人有下列情形之一的,应当自行回避,当事人有权用口头或者书面方式申请他们回避:(1)是本案当事人或者当事人、诉讼代理人近亲属的;(2)与本案有利害关系的;(3)与本案当事人、诉讼代理人有其他关系,可能影响对案件公正审理的。审判人员接受当事人、诉讼代理人请客送礼,或者违反规定会见当事人、诉讼代理人的,当事人有权要求他们回避。第二,保障被告诉权。未经人民法院依法判决,对任何人都不得确定有罪。

三、参与性

程序的参与性指案件或纠纷的利害关系人都有机会进入办案程序,充分表达自己的利益诉求和意见主张,为解决纠纷发挥作用。以民事诉讼为例,程序的参与性体现在以下几个方面:(1)公告送达制度。受送达人下落不明,或者用本节规定的其他方式无法送达的,公告送达。自发出公告之日起,经过六十日,即视为送达。(2)缺席审判制度。原告经传票传唤,无正当理由拒不到庭的,或者未经法庭许可中途退庭的,可以按撤诉处理;被告反诉的,可以缺席判决。(3)第三人制度。对当事人双方的诉讼标的,第三人认为有独立请求权的,有权提起诉讼。对当事人双方的诉讼标的,第三人虽然没有独立请求权,但案件处理结果同他有法律上的利害关系的,可以申请参加诉讼,或者由人民法院通知他参加诉讼。(4)案外人异议制度。执行过程中,案外人对执行标的提出书面异议的,人民法院应当自收到书面异议之日起十五日内审查,理由成立的,裁定中止对该标的的执行;理由不成立的,裁定驳回。(5)法庭辩论制度。法庭辩论按照下列顺序进行:①原告及其诉讼代理人发言;②被告及其诉讼代理人答辩;③第三人及其诉讼代理人发言或者答辩;④互相辩论。法庭辩论终结,由审判长按照原告、被告、第三人的先后顺序征询各方最后意见。(6)当事人诉权。当事人有权委托代理人,提出回避申请,收集、提供证据,进行辩论,请求调解,提起上诉,申请执行。可以查阅本案有关材料,并可以复制本案有关材料和法律文书。

四、公开性

程序的公开性指程序运行的过程和结果应当向当事人和社会公开,以接受各方监督,防止办案不公和暗箱操作,让正义以人们看得见的方式实现。同样,以民事诉讼为例,程序的公开性体现在以下三方面:(1)公开审理。除涉及国家秘密、个人隐私或者法律另有规定的以外,应当公开进行。离婚案件,涉及商业秘密的案件,当事人申请不公开审理的,可以不公开审理。(2)公开公告。人民法院审理民事案件,应当在开庭三日前通知当事人和其他诉讼参与人。公开审理的,应当公告当事人姓名、案由和开庭的时间、地点。(3)公开宣判。人民法院对公开审理或者不公开审理的案件,一律公开宣告判决。

五、时限性

程序的时限性是指程序的运行必须有合理的期限,符合时间成本和效率原则的要求,不得无故拖延或没有终结。以民事诉讼为例,时限性主要体现在以下几个方面:(1)立案时限。人民法院应当在立案之日起五日内将起诉状副本发送被告。(2)人民法院适用普通程序审理的案件,应当在立案之日起六个月内审结。有特殊情况需要延长的,由本院院长批准,可以延长六个月,还需要延长的,报请上级人民法院批准。(3)人民法院适用简易程序审理案件,应当在立案之日起三个月内审结。

第三十五讲
尊重和维护法律权威

一、法律权威的含义

法律权威是指法律在社会生活中的作用力、影响力和公信力,是法律应有的尊严和生命。尊重法律权威,既要尊重一般法律的权威,更要尊重宪法至上的权威。法律是否具有权威,取决于四个基本要素:一是只有法律在国家和社会治理体系中占主导地位和起决定作用,法律才具有权威;二是只有法律反映客观规律和人类理性,法律才具有权威;三是只有法律在实践中得到严格实施和遵循,法律才具有权威;四是只有法律反映人民共同意愿且为人民真诚信仰,法律才具有权威。

二、尊重和维护法律权威的重要意义

全体社会成员尊重社会主义法律权威,不仅是保证法律发挥作用的基本前提和要求,也是保障个人平安幸福的底线和红线。尊重和维护法律权威,对全面依法治国至关重要。其重要意义如下:

第一,是社会主义法治观念的核心要求和建设社会主义法治国家的前提条件。法律与国家前途、人民命运息息相关。树立法律权威,就是树立党和人民共同意志的权威;捍卫法律尊严,就是捍卫党和人民共同意志的尊严。只有切实尊重和有效实施法律,人民当家作主才有保证,党和国家的事业才能顺利发展。

第二，对于推进国家治理体系和治理能力现代化、实现国家的长治久安极为重要。法律权威是国家治理的坚实基础和关键。以法安天下则天下安，依法治天下则天下治。由于法律是一种超越个人意志的普遍性规则，并且具有稳定性和连续性，因此，当国家的最高权威系于法律时，任何组织和个人都不能拥有超越法律的特权，从而有助于保持政治与社会秩序的稳定和连续。

第三，是实现人民意志、维护人民利益、保障人民权利的基本途径。我国法律保护和实现的是人民的根本利益。从本质上讲，尊重和维护法律权威，就是尊重和维护人民的根本利益和其他合法权益的具体实践，也是尊重和保障人权的具体实践。尊重和维护法律权威，对于弘扬社会主义法治精神，坚定全社会尊法学法守法用法的自觉性，逐步树立社会主义法律信仰，让人民利益和权利得到有力保障和充分实现，具有重要意义。

第四，是维护个人合法权益的根本保障。在现实生活中，我们每个人都可能会遇到这样或那样的个人权益受到侵害的问题。有人把当今社会称为风险社会，这种看法不无道理。在应对各种风险时如何维护和保障自身权益呢？在法治社会，只有依靠有权威的法律。有权威的法律能够威慑人、警示人、保护人，防范违法犯罪行为，能够增强个人的安全感。因此，公民尊重和维护法律权威，也是对个人幸福的最大尊重和保护。

三、怎样尊重和维护法律权威

【案例】

从秋菊到李雪莲

《秋菊打官司》讲述了秋菊家因为要盖一幢楼，找村长批准，村长说上头有文件规定而拒绝,引发冲突。秋菊的丈夫骂了村长,村长踢了秋菊的要害部位。秋菊认为村长是"公家人",所以政府一定要管,她去乡政府告状,村长答应了赔偿。到了秋菊家村长把钱扔在地上,秋菊认为这是对自己的侮辱,钱不要了,继续上告。她先后到了县公安局和市公安局,遇到了李公安和严局长。李公安和严局长一再承认"村长打人不对",但是赔礼道歉恐怕困难,秋菊最终走上了向法院起诉之路。

除夕,秋菊难产。接生婆到村长家敲门,在村长和村民的帮助下送秋菊去医院。秋菊顺利地产下了一名男婴,秋菊与家人对村长感激万分,官司也不再提了。可当秋菊家庆贺孩子满月时,传来市法院的判决,村长被拘留。

望着远处警车扬起的烟尘,秋菊感到深深的茫然和失落。她说:我就是要一个说法,没有让他们抓人,他们咋把人抓了呢?……

影片反映的法律问题有以下几个方面:其一,秋菊可以根据当时的《民法通则》的相关规定向当地基层法院提起民事诉讼。其二,秋菊不希望法院通过诉讼途径解决她的问题,因为当警车把村长带走时,秋菊说:"我只是要一个说法,并没有让你们把他带走。"这不仅仅是因为村长是他们全家的救命恩人,更主要的是秋菊只希望村长道歉。其三,秋菊只希望村长以一村之长的身份向自己道歉。因为秋菊认为村长是"公家人",是个国家干部,于公于私,干部犯错,公家要管,让政府来约束官员的行为。秋菊找乡政府、市公安、县公安,她想要的就是"村长"给老百姓道歉。其四,村长不愿意道歉。村长认为自己是官,理应享有比百姓多的权力。如秋菊让村长拿出不让盖楼的文件,这就是一个应该公开的文件,但村长却不愿意给秋菊看;同样,村长认为作为一村之"长",给村民道歉,有失身份。显而易见,一个看似非常简单的民事纠纷,当其绕开法律后,就变得非常复杂。时隔24年后,《我不是潘金莲》中的主人公遭遇到与秋菊同样的困惑。

李雪莲和丈夫秦玉河,为了买房和生二胎而"假离婚",其实是真离婚,只是二人本来打算买完房子、生完二胎后再复婚的。在民政局办了离婚手续后分居生活。然而半年后,她发现秦玉河居然已另与别人结婚。李雪莲气愤不过，便起诉到法院要求确认双方是假离婚。开庭后，办理此案的法官王公道根据他们已确实办理了离婚登记的实情，判决李雪莲败诉。但李雪莲不服，先后向法院专委、院长、县长、市长反映。又因为前夫说了一句"你就是潘金莲"，从而在二十年里持续不断地赴京上访……各级官员开始都以为打发了一个农村妇女这样的一个"小麻烦"，没想到李雪莲居然上京告状，引来了"大麻烦"；上访十年后，为了阻止她继续告状，官员们运用了"很大"的警力，去找李雪莲这个"小人物"，最后，却是因为一个意外才结束这一切…… 告状就是把问题诉诸法律，处理法律问题就得遵循法律的逻辑。

因为李雪莲一直纠结于离婚是假，法官徇私枉法；以及秦玉河对自己侮辱性的言语，开始了漫漫上访之路。就李雪莲夫妇以合法手段掩盖非法目的，离婚本身就不受法律保护，至于秦玉河侮辱性言语，可以通过诉讼解决。信访部门明明可以简单明了回复、妥善解决，却选择了堵、拦李雪莲上访，从小麻烦到大麻烦。无论是李雪莲、秋菊还是代表国家公权力的国家干部共同反映出的问题是法律缺位，而法律缺位最根本的就是缺乏对法律的信仰。

(一)信仰法律

秋菊和李雪莲的困惑，从本质上却反映了熟人社会中，试图用行政手段或准行政手段替代法律手段解决纠纷的矛盾。这也是当前法治转型期，在与法律秩序较量中，形成了对法律不理解、不服从、不遵守的必然结果。在当今，为什么我们一定要信仰法律，或者法律必须存在？因为市场经济，从本质上说是市民社会发展的框架体制下的陌生人之间的权利义务关系，而调整陌生人权利义务关系最有效的手段是法律规则，其本身蕴含了程序平等、立法平等、执法平等、司法平等。只有平等的法律规则，才可以使任何个人或组织事先按照法律规则组织自己行为，并据此而获得可预见的后果。所以，市场经济必须是法治经济，在市场经济下的主体，要按照法律制度、法律规范调整行为准则。

(二)服从法律

信仰法律是前提，只有对法治的信仰，只有我们明白法律之下的人人平等,才能内心有法,拥护法律的规定,接受法律的约束,履行法定的义务,服从依法进行的管理,承担相应的法律责任。对一切依据法律和事实做出的决定,真心接受与认可,自觉执行。如,因违法受到行政处罚或者被依法采取行政强制措施的,要认真履行;对人民法院依法公正做出的生效裁判,要主动履行;对学校依据法律和校纪校规做出的各种奖惩决定,要严格执行,在日常生活中逐步培养尊重法律权威的习惯。

(三)遵守法律

当公民能够真正地服从法律,那么遵守法律的问题也会随之解决,"秋菊式"的烦恼也随之大为减少。遵守法律首先法律为良法。2018年,十三届人大修改的宪法序言,从"健全社会主义法制"到"健全社会主义法治",一字之差,意思却相差极大。说明全面依法治国,首先是良法之治。其次,公民要知法。公民要知晓相关的法律规范,唯有此,公民才会评判行为的合法性、合理性以及法律责任问题。最后,要克己。必须明确自己行为与法律规范相契合,权、钱不是万能的,更不能因为有权、有钱而以身试法,铤而走险。

(四)维护法律

尊重法律权威的归宿是要维护法律权威。这就要求:第一,维护宪法权威。宪法作为国家根本大法,是其他部门法律规范的总依据。第二,维护各部门法律。各部门法律具体指引社会生活的方方面面。最后,勇于运用法律武器。当你购买了假冒伪劣产品,但是损失又不是很大时,你会维护你的权利吗?人跌倒后,你敢扶吗?面对暴力侵害时,你敢于同违法犯罪行为做斗争吗?诸如此类,维护法律是一个作用于己与作用于他人的过程,是实现自己权益与实现社会公正的过程,是法律教育普及与法治意识提升的过程。只有你敢于运用法律武器保护自己,匡扶社会正义,才是在真正践行法律。

第三十六讲
培养法治思维的途径

法治思维非一日养成，必须通过长期的训练逐步培养。这一讲谈谈法治思维的培养途径。公民可以通过学习法律知识、掌握法律方法、参与法律实践、养成守法习惯、守住法律底线等途径，在学习和生活中逐渐提高法治思维能力，培养法治思维方式。

一、学习法律知识——前提

英国思想家温斯坦莱说："假如有很好的法律，但人民不了解它们，这对共和国来说就像没有任何法律一样糟糕。"所以，学习法律知识是培养法治思维的总钥匙。缺乏对基本法律知识的了解，谈法律问题就如同空中楼阁。怎样获得法律知识呢？可以通过两种方式：系统学习法律知识与个案学习法律知识。

系统学习法律知识，包括系统学习法学理论、部门法（如民法学、刑法学、行政法学）等，通过学习构建法律知识结构体系，掌握法学基本原理、制度、规则，养成正确的法治思维，只有把原理、制度、规则内化于心，才能真正让法治扎根。

个案学习则是在具体的案件中学习法律知识。党的十八届四中全会提出全面依法治国，党的十九大提出建立社会主义法治国家，法律成为我们日常生活之必须。学习法律的途径很多，如宪法主题宣传、法治节目、重大案件的讨论、法律热线等等,可以说我们身边不缺乏学习法律的途径,缺的是有心人。

二、掌握法律方法——关键

学习法律知识的目的就是为了掌握基本方法。通过对法律知识的学习,学会用法律方法思考、分析和解决法律问题,这就是法治思维方式。

掌握法律方法包含了三个层次:第一层是经验。立法是对权利、义务、责任的界定和分配。但这种分配的前提是在对现有社会道德、公共政策和各类主体、未来发展趋势认识的基础之上的权责分配,其内在逻辑为从社会人所能够接受的角度和立场来立法。在第二十九讲里,我提到了一个案例,女友和母亲同时落水,先救谁,按照经验思维,当然救母亲,这也是中国传统中的伦理价值与法律的契合。

第二层是对现有法律条文的理解和运用。莎士比亚戏剧中有一个情节:安东尼奥为了帮助朋友还债,与奸商夏洛克签订了一份契约。契约规定,如果安东尼奥到期不能还债,就要在安东尼奥身上割下一磅肉。但是不巧,到了规定的期限,安东尼奥真的无法偿还债务了。这时候按照契约的规定,安东尼奥就要割下自己的肉了。怎么办?

这时,安东尼奥的好朋友就伪装成律师,用法律来拆解这件事。跟夏洛克说:既然契约中规定了割肉,那我们就按照契约的规定开始割肉,但是在割肉的过程中,不能出现血,因为契约中没有说;而且不能多或者少于 1 磅,因为契约中只规定了 1 磅,否则就是违反契约规定。

因此,不仅没有突破法律的规定,反而用法律巧妙地化解矛盾。当然,母亲和女友落水,先救谁,也可以用法律条文来解释,因为法律规定了子女对父母有赡养义务,而对女友则没有法律上的义务。但是,如果母亲和老婆同时落水,先救谁呢?这就涉及法律思维的第三层。

掌握法律方法第三层是对实践客观认识和对待的基础之上所产生的困惑和质疑,具有批判性。救母亲还是救老婆之所以两难,因为法律上规定了对母亲的赡养义务和对配偶的抚养义务。《民法总则》第二十八条,规定无民事行为能力或者限制民事行为能力的成年人,配偶是第一顺序的监护人,父母和子女是第二顺序的。救老婆当然可以,但如果救助母亲了呢?难道就违法了吗?我国《老年人权益保障法》明确规定了成年子女对老年人的赡养义务,所以,从这一点出发,救助老人也是应该的,也符合中国传统伦理中的孝,那么到底先救谁呢?实际上这在法律上是一个两难的回答,先救谁都没有违法。对具体问题的分析应该综合其行为动机、后果、立法精神等方面。

三、参与法律实践——途径

法治思维是在丰富的法治实践中训练、培养和应用的思维方式。脱离法治建设的生动实践,难以养成法治思维方式。只要通过参与各种法律活动,在法律实践中运用法律知识和方法思考、分析、解决法律问题,才能养成自觉的法治思维习惯。

(一)参与立法讨论

我国国家或地方的很多立法都要广泛征求意见或者进行听证,大学生可以参与这些立法讨论,通过全国人大网、司法部等官方网站提出法律草案修改意见,发表自己的观点。

(二)依法行使监督权

宪法和法律赋予公民对国家机关及其工作人员的行为是否合法进行监督的权利,包括提出批评、建议和申诉、控告、检举。大学生可以通过行使这些权利,进行法律监督。2013年1月,当时还是上海交通大学硕士研究生的公益人士雷闯,曾经申请公开全国110多所高校的"三公"经费(公务接待费、公务用车购置和运行费、因公出国(境)费),并推动了浙江大学等高校首次公开高校"三公"经费。2014年11月,葛伟(化名)依据《政府信息公开条例》和《高等学校信息公开办法》,也先后共计向全国113所高校寄出信息公开申请信,申请公开2013年"三公"经费各项支出的具体金额。

(三)旁听司法审判

凡是人民法院公开审判的案件,都允许公民旁听,大学生可以向人民法院申请旁听庭审,也可以通过庭审直播了解审判程序、法律规范用语、特定的法律问题、证据运用规则,这是提高法治思维的一个非常有效的途径。

(四)参与模拟法庭、法律诊所、法律辩论等活动,增长法律知识,锻炼法治思维

模拟法庭和法庭辩论一般院校会采用,法律诊所由于涉及真实案例,是一般法学院采用比较多的形式。

四、养成守法习惯——归宿

法治思维是一种习惯性思维,与长期自觉养成的生活习惯有很大关系,对于公民而言,养成法治思维的归宿就是外化为守法习惯。2020年新冠病毒爆发以后,上海市新冠肺炎疫情防控工作指挥部发布《关于严格执行公共场所体温检测和自觉佩戴口罩的通告》的规定,任何人进入上海市轨道交通站,搭乘公共交通工具,都应当自觉佩戴口罩,配合接受体温检测。上海陆某因未佩戴口罩进入轨道交通站,被拦下后非但不听从相关人员劝阻,还动手推搡安检队员,且欲强行冲闯进站。轨交警方依据《治安管理处罚法》第二十三条相关规定对陆某处以行政拘留的处罚。

戴不戴口罩是一个非常平常的事情,通常情况下,公民不会把戴口罩与违法行为相联系。但是特殊的时期,不听劝阻、拒不戴口罩可能会涉嫌违法。这则案例启示我们,守法是一种习惯,哪怕是生活中微小的一件事,或者是习以为常的一个行为,都应该有遵守法律规定的意识。因为,只有你遵守法律,你才会自觉用法律的方法去思考、分析问题,从而真正培养了法治思维。

五、守住法律底线

法律红线不可逾越、法律底线不可触碰。法律不能成为"橡皮泥""稻草

人",对于国家公职人员而言,坚决杜绝以权谋私、徇私枉法。触犯法律底线就要受到追究。对于公民而言,同样也应该守住法律底线。在我们生活中,可能会遇到去餐饮店吃饭,结账时如果不开发票可以附赠一份小礼品。有些消费者觉得开了发票不能报销,也不一定能刮到奖,于是选择了小礼品。其实,这是商家变相逃税的一种手段,其行为当然违法。对消费者而言,虽然无法追究他们的法律责任,但是实质上是助长了商家的逃税行为,消费者应当索要发票,共同维护国家的税收制度。

第三十七讲
法律权利概述

一、法律权利的含义

法律权利是指反映一定的社会物质生活条件所制约的行为自由,是法律所允许的权利人为了满足自己的利益而采取的、由其他人的法律义务所保证的法律手段,权利的产生、发展和实现,都必须以一定的社会经济条件为基础。权利内容的核心是权利决不能超出社会的经济结构以及由经济结构制约的社会的文化发展,它强调社会的物质生活条件对权利的制约和决定作用,这是马克思主义权利观与其他权利观的根本区别。

以选举权为例。有报道,21世纪以来,美国共和党与民主党两党总统候选人的选举费用从2004年的7亿美元,增加到2016年的66亿美元,该届选举也成为美国历史上最昂贵的政治选举。在2018年的中期选举中,赢得一个参议院席位的平均成本为1 940万美元,赢得一个众议院席位的平均成本超过150万美元。不难发现,美国的选举离不开资本,因为在资本主义国家结构中,经济基础是资本,法治是为资本家利益服务的,必然决定了选举权的实质是服务于资产阶级的。而中国宪法规定:中华人民共和国年满十八周岁的公民,不分民族、种族、性别、职业、家庭出身、宗教信仰、教育程度、财产状况、居住期限,都有选举权和被选举权;但是依照法律被剥夺政治权利的人除外。我国的选举为什么能够实现实质上的平等,是由于社会主义公有制作为基础,人民是国家的主体,不是为少数人利益应运而生的虚伪的选举权。

二、法律权利的特征

法律权利具有以下四个方面的特征:第一,法律权利的内容、种类和实现程度受社会物质生活条件的制约。不能脱离一个国家或地区的经济社会发展阶段和水平空谈权利及其实现,如,20世纪六七十年代,我国没有证券法、票据法;改革开放以后,随着市场经济的发展才出现了证券法、票据法等与市场经济相关的法律法规。

第二,法律权利的内容、分配和实现方式因社会制度和国家法律的不同而存在差异。同样一种权利,在不同的社会制度下和不同的国家法律中表现形式有所不同。如,关于财产权,资本主义法律规定私有财产神圣不可侵犯,而社会主义法律首先规定公共财产神圣不可侵犯,同时规定公民合法的私有财产不受侵犯。

第三,法律权利不仅由法律规定或认可,而且受法律维护或保障,具有不可侵犯性。由国家强制力保障其实现,这是法律权利区别于其他权利的根本所在。例如,我国《合同法》规定了违约方承担继续履行、解除合同、违约金、定金罚则等违约责任的承担方式。

第四,法律权利必须依法行使,不能不择手段地行使法律权利。国家机关行使权力不得任性,公民个人行使法律权利也不得任性。这就涉及第三个问题,法律权利行使的界限。

三、行使法律权利的界限

依法行使法律权利要求公民行使权利时应严格依据法律进行,以法律的相关规定为界限,超出这个边界就可能侵犯到他人的权利或者损害到国家、社会的利益。

(一)权利行使的目的

公民在行使法律权利时,不仅要在形式上符合相关法律的规定,也要符合立法意图和精神,不得违反宪法法律确定的基本原则,保障权利行使的正当性。此外,行使权利不得破坏公序良俗,妨碍法律的社会功能和法律价值的实现。如影片《我不是潘金莲》中,李雪莲与秦玉河为了购买二套房、生二胎而假离婚,就是用法律赋予婚姻自由的权利这个合法的手段来掩盖非法的目的。

(二)权利行使的限度

任何权利的行使都不是绝对的,都有其相应的限度,必须依照法律规定的限度来行使权利。我国宪法规定,公民在行使自由和权利的时候,不得损害国家的、社会的、集体的利益和其他公民的合法的自由和权利。我国《物权法》规定,物权的取得和行使,应当遵守法律,尊重社会公德,不得损害公共利益和他人合法权益。如果因行使自己权利而损害了国家、集体或他人的利益,超出了国家法律所许可和保障的范围与界限,则不再是行使权利,而是侵权,会受到法律追究。

【案例】

一人购买六张火车票,该行为是否合法

2019年,哈尔滨火车上一女子持多张车票让两个孩子躺在硬座上睡觉被疑"霸座"。经过了解,该女子购买了六张火车票,其目的是想让孩子休息。另外,根据12306官方网站公布的《铁路互联网购票须知》规定:在12306.cn网站,用户可以为自己购票,也可以为他人购票;用户持一张有效身份证件同一乘车日期同一车次可以购买一张车票(为未办理身份证件的儿童购票除外);一笔订单可以购买5张以下车票。那么,如果乘客可以购买多张火车票,而实际乘坐人少于购买火车票数量的,是否构成权利的滥用?

一种观点认为,购票人抢占了公共资源,使其他想买火车票的人无法购买火车票,构成了权利的滥用;而另一种观点则认为,12306网站上可以允许一人购买多张车票,根据《铁路法》第十一条规定,铁路运输合同是明确铁路运输企业与旅客、托运人之间权利义务关系的协议。旅客车票、行李票、包裹票和货物运单是合同或者合同的组成部分。这六张车票就构成了铁路运输企业跟该女士的运输合同关系,该女士在履行合同的过程中并没有违反法律强制性规定,也没有违反公序良俗的规定。因此,让孩子躺着而不是坐着,是权利人行使权利的一种方式。

(三)权利行使的方式

权利行使的方式分为口头方式、书面方式和行为方式,有时口头方式和书面方式可以兼用。如,根据我国民事诉讼法规定,起诉应当向人民法院递交起诉状,但书写起诉状确有困难的,可以口头起诉,由人民法院记入笔录,并告知对方当事人;但是有些权利行使必须是书面形式,如建设工程合同应当采用书面形式。权利行使还可分为直接行使和间接行使,前者指权利主体直接行使权利,后者则指由其法定代理人或者委托代理人代为行使权利。比如,我国选举法规定,选民如果在选举期间外出,经选举委员会同意,可以书面委托其他选民代为投票。每一选民接受的委托不得超过三人,并应当按照委托人的意愿代为投票。

(四)权利行使的程序

由于一个人行使权利的过程可能就是另一个人履行义务的过程,所以程序正当原则同样适用于权利行使过程。通常情况下,行使权利的程序是法律规定的。如,我国选举法对选举程序做了规定,包括确定选民资格、选民登记、发放选民证、推荐候选人、选举投票、确定当选人等流程;我国专利法对专利的申请、审查和批准程序做了规定,公民应当严格依照法律规定的程序行使相关权利。

第三十八讲
政治权利

政治权利是公民参与国家政治活动的权利和自由的统称。它的行使主要表现为公民参与国家、社会组织与管理的活动。公民的政治权利构成了实现人民主权原则及各种具体民主制度不可或缺的前提条件,反过来又体现了人民主权原则及各种具体民主制度的必然要求。

公民政治权利主要包括选举权、表达权、民主管理权和监督权。

一、选举权

选举权,即选举权与被选举权,是指人们参加创设或组织国家权力机关、代表机关所必需的选举权和被选举权。《宪法》第三十四条规定:"中华人民共和国年满十八周岁的公民,不分民族、种族、性别、职业、家庭出身、宗教信仰、教育程度、财产状况、居住期限,都有选举权和被选举权;但是依照法律被剥夺政治权利的人除外。"此外,我们制定了全国人大和地方各级人大选举法,就选举问题做了专门立法。我国选举具有普遍性、平等性、直接选举与间接选举、选举自由等特点,选举权是宪法赋予每一位公民神圣的权利,我们应当认真履行行使。

【案例】

衡阳破坏选举案

2012年底到2013年初,衡阳市当时当选的76名省人大代表中,有56人送钱拉票,金额总计1.1亿余元,人均送钱近200万元,这还不包括平时请客吃饭的钱。全部参会的527名衡阳市人大代表中有518名收受钱物1亿余元。衡阳市人大的大会工作人员参与收受与分发钱物,68名大会工作人员收受钱款共计1 001万元。包括时任衡阳市委书记、市人大常委会主任、纪委书记、组织部长在内的衡阳一大批党员干部在案件中严重失职、渎职、违纪,人数近500人……

衡阳破坏选举案牵扯的人数之多、范围之广,在选举权案例中实属少见。当选人大代表不是一种个人特权,而是重要的一项责任,代表人民行使参与国家大政方针,做出正确决断的责任和义务,贿选是对宪法选举制度的违反。中央党校教授辛鸣说:"选举制度是人民代表大会制度的基础。人大代表是按照宪法和选举法规定,经过民主选举方式产生,代表人民参与行使国家权力,具有广泛性、代表性和先进性的特点。人大代表这一神圣称号不容亵渎,更不能用金钱来换取。"

二、表达权

表达权是公民依法享有的表达自己对国家公共生活的看法、观点、意见的权利。表达权对于一个国家的政治、经济、文化、科技、道德的发展具有基础性作用。《宪法》第三十五条规定,中华人民共和国公民有言论、出版、集会、结社、游行、示威的自由。但是,公民在行使表达权的时候一定要注意行使的界限。

【案例】

一条朋友圈，拘留10天

现在很多朋友喜欢发朋友圈，但不是每一条信息都可以在朋友圈里发布。2019年6月17日，四川宜宾市长宁县发生6.0级地震后，一名为"姚梦菲"的网民在其微信朋友圈里发表了名为"祈祷宜宾的都死光"的文字，引起宜宾市民的极大关注和愤慨。宜宾公安网安部门立即开展调查工作，抓捕了违法嫌疑人姚某妮，违法者对通过朋友圈发布不当言论的违法事实供认不讳，根据《治安管理处罚法》第二十六条的规定，姚某妮因寻衅滋事处以10日行政拘留处罚。微信发朋友圈实质是公民行使表达权的一种方式。但是，由于微信朋友圈一般设置了公开的状态，理论上讲其言论传播的对象就具有不特定性、公开性。公民在发表言论，尤其发表自己对国家公共生活的看法、观点、意见的时候，一定要注意依法行使，不能侵害到国家、集体和他人的合法权益。

三、民主管理权

民主管理权是指公民根据宪法法律规定，管理国家事务、经济和文化事业以及社会事务的权利。如2008年5月1日起施行的《中华人民共和国政府信息公开条例》从基本原则、公开的范围、公开的方式和程序、监督和保障等方面进行明确的规定。公民通过政府信息公开，了解行政机关在履行职责过程中制作或者获取的，以一定形式记录、保存的信息，是最重要的信息资源，也是公众了解政府行为的直接途径，更有利于公民行使民主管理权，管理国家事务。

【案例】

张良诉上海市规划和国土资源管理局案

2013年2月19日,张良向上海市规划和国土资源管理局申请获取"本市116地块项目土地出让金缴款凭证"政府信息。上海市规划和国土资源管理局经至其档案中心以"缴款凭证"为关键词进行手工查找,未找到名为"缴款凭证"的116地块土地出让金缴款凭证的政府信息,遂认定其未制作过原告申请获取的政府信息,根据《政府信息公开条例》第二十一条第(三)项答复张良,其申请公开的政府信息不存在。张良不服,提起诉讼,要求撤销该政府信息公开答复。法院认为,原告作为普通公民,无法知晓相关缴款凭证的规范名称,仅以此缴款凭证描述其申请获取的政府信息内容的主张具有合理性。判决撤销被诉政府信息公开答复,责令被告重新做出答复。①

四、监督权

监督权是指公民依据宪法法律规定监督国家机关及其工作人员活动的权利。《宪法》第四十一条规定,中华人民共和国公民对于任何国家机关和国家工作人员,有提出批评和建议的权利;对于任何国家机关和国家工作人员的违法失职行为,有向有关国家机关提出申诉、控告或者检举的权利,但是不得捏造或者歪曲事实进行诬告陷害。对于公民的申诉、控告或者检举,有关国家机关必须查清事实,负责处理。任何人不得压制和打击报复。由于国家机关和国家工作人员侵犯公民权利而受到损失的人,有依照法律规定取得赔偿的权利。

---

① 《张良诉上海市规划和国土资源管理局案》,中国法院网,2014年9月12日。

【案例】

上海对法官夜总会娱乐事件做出严肃处理

2013年8月,群众举报上海市高院几名公职人员在夜总会娱乐并参与色情活动的情况,接到举报后,上海市纪委会同上海市高院党组等部门组成联合调查组,立即开展缜密的调查取证工作,在查清事实基础上做出决定,给予该事件涉事人员赵明华、陈雪明、倪政文、王国军留党察看、开除党籍等处分;同时根据《中华人民共和国治安管理处罚法》,上海市公安局已对赵明华、陈雪明、倪政文、郭祥华做出行政拘留10天的行政处罚。这是公民行使监督权后国家查处的一起案例,有效的公民监督在规范权力运行、打击贪腐等方面有一定的作用。

第三十九讲
人身权利

人身权是指公民的人身不受非法侵犯的权利,是公民参加国家政治、经济与社会生活的基础,是公民权利的重要内容。人身权利主要包括:生命健康权、人身自由权、人格尊严权、住宅安全权。

一、生命健康权

生命健康权是维持生命存在的权利。生命权是人最基本、最原始的权利,具有神圣性与不可转让性,不可非法剥夺,享有生命权是人享有其他各项权利的前提。健康权是在公民享有生命权的前提下,确保自身肉体健全和精神健全、不受任何伤害的权利。

【案例】

泰迪将老太"吓成"9级伤残,狗主赔20万元

现在城市里养狗的人越来越多,但是出门不牵狗绳的人也不少。虽说狗是人类的朋友,但如果不看管好自己的狗,可能会引起法律纠纷。

2017年8月13日,家住广东省江门市六旬老太欧某在丈夫陪同下徒步经过某步行街。一条趴在台阶上休息的棕色泰迪犬见两夫妇靠近,站起来朝他们走了两步。因为欧某怕狗,见小狗没拴绳下意识向旁边闪躲,一下没

站稳摔倒在地。不幸的是,欧某经司法鉴定中心鉴定,综合评定为9级伤残。在与狗的主人高某未达成和解协议之后,欧某以生命权、健康权、身体权受到侵害为由,将高某诉至法院。

法庭上,高某认为她的宠物犬并没有主动袭击欧某,也没有吠叫,只是走近了半米,欧某是自己受到惊吓导致摔伤的,故其不愿赔偿。但是法院却认为,狗在公共场所活动,高某就应该采取相应的防范措施;且欧某系因为惧怕狗而不慎摔倒。遂判决高某承担30%的责任。

二人均不服上诉至江门中院。根据《侵权责任法》第七十八条规定,"饲养的动物造成他人损害的,动物饲养人或者管理人应当承担侵权责任,但有证据证明损害是因被侵权人故意或者重大过失造成的,可以不承担或者减轻责任"。本案,动物饲养人或者管理人首先应当承担无过错责任,其次,如果原告对动物有故意或重大过失行为的,可以减轻责任。本案中,原告不存在故意或重大过失行为,据此,二审法院认为高某对欧某构成侵权,应负全部赔偿责任。

二、人身自由权

人身自由权是公民的人身自由不受非法搜查、拘禁、逮捕等行为侵犯的权利。人身自由是人们一切行动和生活的前提条件,包括人的身体不受拘束、人的行动自由、人身自由不受非法限制和剥夺等。

【案例】

超市搜身案

2012年3月,荆门60多岁张某到超市购物,付款后,安检门报警器报警。超市保安让老人脱衣搜查,老人被脱至剩下内衣,但保安未查到任何违规带出的商品。后来查明是报警器故障。由于老人身患高血压,事发时正是超市销售高峰期,围观者众多,导致老人住院治疗17天。

从1998年7月,国内首例、当时轰动上海的屈臣氏搜身案件,到天津"超市搜身"案,再到成都"超市搜身案"。缘何搜身案件屡屡发生。人身自由权是公民的基本人权,《宪法》第三十七条规定:中华人民共和国公民的人身自由不受侵犯。任何公民,非经人民检察院批准或者决定或者人民法院决定,并由公安机关执行,不受逮捕。禁止非法拘禁和以其他方法非法剥夺或者限制公民的人身自由,禁止非法搜查公民的身体。本案中,超市保安不是警察,也未经授权,擅自搜查张某的身体是违法的,超市必须承担相应的侵权责任。

三、人格尊严权

人格尊严是与人身有密切联系的名誉、姓名、肖像等不容侵犯的权利。人格尊严是人之为人所应当享有的地位、待遇或尊重的总和,集中表现为人的自尊心和自爱心。人格尊严的基本内容有姓名权、肖像权、名誉权、荣誉权、隐私权。我们主要讲解姓名权、肖像权和荣誉权。

(一)姓名权

所谓姓名权,是指公民依法享有的决定、使用、改变自己姓名的权利。那么,公民可以随心所欲地决定自己的姓名吗?

【案例】

"北雁云依"诉济南市公安局历下区分局燕山派出所公安行政登记案

原告"北雁云依"法定代理人吕晓峰诉称:为女儿办理户口登记时,被告济南市公安局历下区分局燕山派出所(以下简称"燕山派出所")不予上户口。理由是孩子姓氏必须随父姓或母姓,即姓"吕"或姓"张"。根据《中华人民共和国婚姻法》(以下简称《婚姻法》)和《中华人民共和国民法通则》(以下简称《民法通则》)关于姓名权的规定,请求法院判令确认被告拒绝以"北雁云依"为姓名办理户口登记的行为违法。该案经过两次公开开庭审理,原告"北雁云依"法定代理人吕晓峰在庭审中称:其为女儿选取的"北雁云依"之姓名,"北雁"是姓,"云依"是名。

因案件涉及法律适用问题,需送请有权机关做出解释或者确认,该案于2010年3月11日裁定中止审理,中止事由消除后,该案于2015年4月21日恢复审理。

2014年11月1日,第十二届全国人民代表大会常务委员会第十一次会议通过了《全国人民代表大会常务委员会关于〈中华人民共和国民法通则〉第九十九条第一款、〈中华人民共和国婚姻法〉第二十二条的解释》规定:"公民依法享有姓名权。公民行使姓名权,还应当尊重社会公德,不得损害社会公共利益。公民原则上应当随父姓或者母姓。有下列情形之一的,可以在父姓和母姓之外选取姓氏:(一)选取其他直系长辈血亲的姓氏;(二)因由法定扶养人以外的人抚养而选取抚养人姓氏;(三)有不违反公序良俗的其他正当理由。少数民族公民的姓氏可以从本民族的文化传统和风俗习惯。"

姓名权虽然是权利,但是有权不能任性,一定要在法律规定的范围内合法、合理使用姓名权。公民选取或创设姓氏应当符合中华传统文化和伦理观念。不能凭个人喜好和愿望在父姓、母姓之外选取其他姓氏或者创设新的姓氏,且不利于社会管理和发展。最终,济南市历下区人民法院判决驳回诉讼请求。

(二)肖像权

所谓肖像权是公民可以同意或不同意他人利用自己肖像的权利,包括公民有权拥有自己的肖像,拥有对肖像的制作专有权和使用专有权,未经本人同意不得以营利为目的使用公民的肖像。在日常生活中,我们经常会发生侵犯肖像权事件。

【案例】

网店拿"买家秀"当宣传照被判赔偿1.5万元

2019年年初,温州市区的戴女士在一家销售玩具、服装的网店购买了一辆儿童三轮脚踏车给女儿琳琳。戴女士就把女儿骑脚踏车照片发到自己朋友圈里。可没过多久,戴女士的朋友就在这家店铺中看到琳琳骑着脚踏车的照片,而且使用了女儿照片"打广告"的儿童三轮脚踏车月销量接近700件。2019年10月,戴女士作为女儿的法定代理人将网店起诉至法院,要求网店停止侵权、公开赔礼道歉,并赔偿经济损失、精神损害抚慰金等费用合计15 820元。

肖像权是人的形象的客观记录,是公民人身权的派生物。《民法通则》规定,未经本人同意,不得以营利为目的使用公民的肖像。肖像权侵权必须同时具备两个条件:其一,未经本人同意,以营利为目的使用;其二,使用公民肖像权。本案,网点当然构成侵权。实际上,除了使用以人的肖像而制作的照片构成侵犯肖像权外,使用以某个特定人为模型的漫画、画像、雕像、视频等,也构成侵犯肖像权。所以,在使用他人肖像的时候,一定要谨慎。

(三)荣誉权

荣誉权是公民对社会给予褒扬享有的权利,如因对社会做出贡献而获得的荣誉称号、奖章、奖品、奖金等。荣誉权与名誉权之间虽然一字之差,但是名誉权是指人们对于公民或法人的品德、才干、声望、信誉和形象等各方面的综合评价,该评价本身是客观的,有正面评价,亦有负面评价。而荣誉权仅局限于对公民褒扬,在实践中,侵犯荣誉权案件主要是荣誉减等。

【案例】

优秀干部 VS 三好学生:差之毫厘,失之千里

1998年锦州一名考生贾某参加高考,由于发挥失常,以2分之差未能进

入重点大学。但她在高中期间荣获锦州市"优秀学生干部"称号。按当年高招政策，获市级以上优秀学生干部的考生可享受加10分待遇。而锦州市教委在整理审核学生档案时，把"优秀学生干部"换成了"三好学生"，致使该生不能享受该次荣誉。

本案就是涉及侵犯荣誉权问题。因为"优秀学生干部"比"三好学生"荣誉更高，所以高考加分更多，而有时候加分多少直接影响高考进入哪一所大学，是质的改变，而非量的改变。锦州市教委的错误行为，导致贾某以2分之差未能进入重点大学，是质的改变，这是对荣誉权的侵犯，据此，锦州市教委承担了赔偿责任。

四、住宅安全权

住宅安全权指公民居住、生活、休息的场所不受非法侵入或搜查的权利。这里的"住宅"既包括固定居住的住宅，同时也包括临时性的住所。

【案例】

为要债夫妻非法侵入他人住宅

2014年7月谯某夫妇为了要债，全家出动到欠债人家里索要欠款，因欠债人暂时无力偿还，谯某夫妇干脆住进了欠债人家里，民警经过多日劝解，谯某夫妇仍拒绝离开。因为情节比较严重，谯某夫妇因涉嫌非法侵入他人住宅被公安机关取保候审。根据《行政诉讼法》的相关规定，为了收集犯罪证据、查获犯罪人，侦查人员可以对犯罪嫌疑人以及可能隐藏罪犯或者犯罪证据的人的身体、物品、住处和其他有关的地方进行搜查。进行搜查，必须向被搜查人出示搜查证。在执行逮捕、拘留的时候，遇有紧急情况，不另用搜查证也可以进行搜查。在我国，除了公民本人以及经公民同意的人，只有侦查人员为了取证，按照法定程序才能进入公民住宅。

五、通信自由权

通信自由权是指公民通过书信、电报、传真、电话及其他通信手段,根据自己的意愿进行通信,不受他人干涉的自由。

【案例】

篡改高考志愿

2016年,山东考生常某和同学郭某一起用体育老师家的电脑填高考志愿。郭某知道常某的准考证号,又看到了他的密码。因为郭某想和常某报考同一所院校,但郭某的分数却比常某低,于是他篡改了常某的志愿,最终导致常某落榜。

通过计算机高考志愿填报信息系统填报志愿,将自己选报志愿的电子数据信息通过网络传输给招生部门,这是一种电子通信行为。而密码是确保自己填报信息不被篡改的唯一保障。郭某窃取常某密码,篡改常某志愿,根据我国《刑法》及《全国人民代表大会常务委员会关于维护互联网安全的决定》等相关规定,非法截获、篡改、删除他人电子邮件或者其他数据资料,侵犯公民通信自由和通信秘密的,即为侵犯他人通信自由权,郭某的行为直接侵犯了他人通信自由权。

第四十讲
财产权利

财产权指公民、法人或其他组织通过劳动或其他合法方式取得财产和占有、使用、收益、处分财产的权利。财产权主要包括私有财产权与继承权。

一、私有财产权

我国宪法规定,公民的合法的私有财产不受侵犯。公民一切具有财产价值的权利,不管是生活资料还是生产资料,不管是物权、债权还是知识产权,都应当受到保护。公民在其财产权受到侵犯时,有权要求侵权行为人停止侵害、返还财产、排除妨害、恢复原状、赔偿损失,或依法向人民法院提起诉讼。

【案例】

侵犯商标权,惩罚性赔偿 300 万元

原告是一家外企,主要从事运动器材的生产销售、健身课的推广,拥有多项发明专利,并在中国多个商品和服务类别上注册了涉案商标,而且该商标已经在中国消费者中具有相当知名度。早在 2012 年,被告就曾经因为侵犯原告知识产权,经原告发出警告函后双方签订和解协议,被告承诺不再从事侵权活动。但是 2018 年 3 月,被告又在某展览会上使用了涉案商标的同

款健身器材,而且,被告还通过微信商城、工厂现场售卖等多种方式推销。原告认为被告重复侵权,遂向法院主张原告损失的三倍索赔,要求赔偿300万元。

　　针对一些不法经营者经常采用"搭便车""傍名牌"等不正当竞争行为,侵犯其他企业的财产权,2014年修正的《商标法》增加了一条惩罚性赔偿,以此保护市场公平竞争。根据《商标法》规定,对恶意侵犯商标专用权,情节严重的,可以在根据权利人实际损失、侵权人获利、商标许可使用费的合理倍数所确定的数额的一倍以上三倍以下确定赔偿数额。被告的侵权所得获利在101.7万元至139.5万元之间,法院支持了被告的诉讼请求,要求原告承担300万元赔偿。

二、继承权

　　继承权是指继承人依法取得被继承人遗产的资格。继承权其根源是财产权,因为我国法律保护公民合法的私有财产,当公民死亡后,这笔财产由与其具有密切关系的被继承人继承。继承主要有四类:法定继承,即按照法律直接规定的继承人范围、继承顺序和遗产分配原则等进行财产继承的一种继承制度,法定继承是一个强制性规范;遗嘱继承,即被继承人生前通过立遗嘱的形式确定其个人财产在其死亡后的继承人及分配的法律制度;遗赠,即遗嘱人用遗嘱的方式将个人财产的一部或全部于死后赠给国家、集体或法定继承人以外的人的一种法律制度;遗赠扶养协议,即遗赠人和扶养人之间关于扶养人承担遗赠人的生养死葬的义务,遗赠人的财产在其死后转归扶养人所有的协议。在我国,最常见的是法定继承和遗嘱继承。

【案例】

小丽能全额继承父母财产吗?

　　小丽是父母的独生女儿,2005年,小丽父亲去世,2013年小丽奶奶去世，2015年，小丽母亲去世。据悉，小丽父母亲生前共同购买了一套产权房，小丽想把这套房屋过户到自己名下，但小丽拿着房产证和父母死亡证明到房地产交易中心要求过户时被拒绝。房地产交易中心要求小丽提供公证处出具的公证书或法院判决书。小丽于是跑到公证处，但公证人员要求她把她父母亲戚全部带到公证处，才给办公证，明明是独生子女，为什么与其他亲戚有关？

本案中，由于没有遗嘱、遗赠，所以适用的是法定继承。按照法律规定第一顺位继承人为：配偶、子女、父母。第二顺位继承人为：兄弟姐妹、祖父母、外祖父母。继承开始后，由第一顺序继承人继承，第二顺序继承人不继承。没有第一顺序继承人继承的，由第二顺序继承人继承。第一顺位绝对优先于第二顺位。

小丽父亲去世时，小丽、小丽母亲和奶奶是第一顺位继承人。按照《婚姻法》的相关规定，小丽父亲去世时，房产的1/2系她父亲的遗产，由三个继承人继承，每人各1/6；小丽奶奶生前育有四位子女，当他奶奶去世时，小丽的大伯、二伯和大姑是第一顺位继承人；由于小丽父亲先于小丽奶奶去世，按照《继承法》的规定，小丽可以代位其父作为小丽奶奶的第一顺位继承人。据此，小丽奶奶占房产份额的1/6，再平均分给四个人，每人1/24；小丽母亲去世后，因只有小丽一个继承人，她继承了其母留下的2/3房产份额。

综上，可以得出结论，小丽最终继承了7/8的房产份额。当然，房产交易中心是无法为小丽办理房产过户手续的。

第四十一讲
社会经济权利

社会经济权利是指公民要求国家根据社会经济的发展状况,积极采取措施干预社会经济生活,加强社会建设,提供社会服务,以促进公民的自由和幸福,保障公民过上健康而有尊严的生活的权利。社会经济权利包含了劳动权、休息权、物质帮助权与社会保障权。

一、劳动权

劳动权是指一切有劳动能力的公民有获得劳动的机会和适当的劳动条件和报酬的权利。劳动权是公民赖以生存的基础,是行使其他权利的物质上的保障,包括平等就业和选择职业的权利、取得劳动报酬的权利、休息休假的权利、获得劳动安全卫生的权利、提请劳动争议处理的权利等。劳动权既是一种权利,也是一种义务,有劳动能力的人应该承担相应的劳动,不能不劳而获。

【案例】

浙江就业性别歧视第一案

2014年6月,应届毕业生郭某在赶集网上看到杭州市西湖区东方烹饪职业技能培训学校在招聘文案人员,她认为自己的学历以及实习经验符合学校的要求,便在网上提交了简历。等待多天后没有得到任何回复,郭某又浏览了赶集网相关的页面,才发现招聘页面上写着"限男性"的要求。郭某表示不解,多次向对方咨询,并到学校当面了解,对方坚持只要男性,表示这个岗位不适合女生,因为要经常出差。

劳动权作为一项权利,不是无限制的。比如不得安排不满十六岁的未成年人劳动,除非文艺、体育特殊行业;考虑到妇女的特殊生理,禁止安排女职工从事矿山井下、国家规定的第四级体力劳动强度的劳动和其他禁忌从事的劳动等。但在本案中,用人单位以"经常出差"为由不录用,这不符合《劳动法》中限制从事的工作规定。因此,该单位的做法是违反宪法和劳动法有关劳动权利的规定的。除了性别歧视,还有身高、长相、学历歧视及生育歧视、籍贯歧视等等,劳动者遭遇不合理要求的,应该拿起法律武器,维护自己的权利。

二、休息权

休息权是指劳动者在付出一定的劳动以后所享有的休息和休养的权利,是劳动权存在和发展的基础。休息权和劳动权是密切联系的,休息权是提高劳动效率、保障劳动者的生活和身体健康所必需的。按照《劳动法》规定,国家实行劳动者每日工作时间不超过八小时、平均每周工作时间不超过四十四小时的工时制度。用人单位应当保证劳动者每周至少休息一日。加班工资支付原则为,安排劳动者延长工作时间的,支付不低于工资的百分之一百五十的工资报酬;休息日安排劳动者工作又不能安排补休的,支付不低于工资的百分之二百的工资报酬;法定休假日安排劳动者工作的,支付不低于工资的百分之三百的工资报酬。

三、物质帮助权与社会保障权

物质帮助权是指公民在法定条件下获得国家物质帮助的权利,如国家发展为公民享受这些权利所需要的社会保险、社会救济和医疗卫生事业等。

社会保障权是指公民享有国家提供维持有尊严的生活的权利,在劳动者由于年老、疾病、伤残、失业、生育、死亡等风险事故,暂时或永久地失去劳动能力和劳动机会,从而没有正常的劳动收入来源时,仍能维持基本生活的一项社会保障活动。2004年宪法修正案提出,国家建立健全同经济发展水平相适应的社会保障制度。标志着我国的扶贫帮困工作进入了一个新的阶段,帮困的对象覆盖到全体公民,帮困的手段不再是单一的物质帮助,而是更广泛层面的社会保障。

【案例】

以制度阻断因病致贫返贫

2018年10月《医疗保障扶贫三年行动实施方案(2018—2020年)》专门针对建档立卡贫困人口、特困人员等农村贫困人口医疗保障工作提出解决方案。目前,农村贫困人口参保率达到99.8%,经基本医保、大病保险、医疗救助三重保障后,农村贫困人口医疗费用实际报销比例超过80%。2018年"三区三州"因病致贫人口较上年减少16.3万人,其他深度贫困地区因病致贫人口较上年减少109.3万人。这一制度彰显了社会的文明程度,是贯彻宪法中的社会保障和物质帮助权利的具体措施。让所有贫困人口患了常见病慢性病有地方看、看得起,体现医疗保障制度的公平性和可及性,使每个人都机会均等地拥有健康权益。

第四十二讲
宗教信仰及文化权利

一、宗教信仰权

宗教问题始终是我们党治国理政必须处理好的重大问题，宗教工作在党和国家工作全局中具有特殊重要性，关系中国特色社会主义事业发展，关系党同人民群众的血肉联系，关系社会和谐、民族团结，关系国家安全和祖国统一。

2004年，福建的律师丘建东先生向成都武侯区法院提起诉讼，认为他在四川大学网络教育学院学习期间，该院的教材《马克思主义哲学原理》第178页关于"宗教在本质上是麻醉劳动人民的精神鸦片"的陈述，对他的宗教信仰自由构成了伤害。他认为四川大学这一选编教材的论断，违反了《宪法》第三十六条"中华人民共和国公民有宗教信仰自由，任何国家机关、社会团体和个人不得强制公民信仰宗教或者不信仰宗教，不得歧视信仰宗教的公民和不信仰宗教的公民"。他要求四川大学赔偿精神损失费1.00元，并对教科书内容进行书面更正。[①] 这成为教科书第一案。虽然，法院终审裁定不予受理，不过这也体现了公民对国家宗教信仰的关注。

宗教信仰自由是公民依法享有的与宗教信仰活动和文化生活相关联的自由和权利的总称，主要包括宗教信仰自由、文化教育权等。依法保障宗教

[①] 王怡：《"中国教科书诉讼第一案"与受教育权》，《爱思想》，2005年8月22日。

信仰和文化权利,是公民创造和享受精神文化财富、推动精神文化发展不可或缺的条件。同时,公民行使宗教信仰和文化权利也必须受宪法法律约束。宗教信仰自由是指公民依据内心的信念,自愿地信仰宗教的自由,具体内容包括信仰宗教的自由、从事宗教活动的自由、举行或参加宗教仪式的自由等。公民既有信仰宗教的自由,也有不信仰宗教的自由;有信仰这种宗教的自由,也有信仰那种宗教的自由;在同一宗教里,有信仰这个教派的自由,也有信仰那个教派的自由;有过去信教而现在不信教的自由,也有过去不信教而现在信教的自由。国务院新闻办公室发表的《中国保障宗教信仰自由的政策和实践》白皮书以翔实数据和大量事实,系统介绍中国保障宗教信仰自由的政策、法律,全面展示中国宗教工作取得的新成就、新进展,彰显了中国依法保障宗教信仰自由、促进宗教关系和谐的坚定意志与不懈追求。

二、文化教育权

(一)文化权利

文化权利有个人的文化权利和集体的文化权利之分,前者如由任何科学、文学或艺术作品所产生的精神上和物质上的利益受到保护的权利;后者如少数民族群众享有保留和发展其文化特性及其文化的各种形式的权利。

2013年11月,一位名叫洪振快的作者在《炎黄春秋》杂志发表了《"狼牙山五壮士"的细节分歧》一文。文章通过援引不同来源、内容、时期的报刊资料等,对"狼牙山五壮士"事迹中的细节提出质疑。文章发表后,"狼牙山五壮士"中的葛振林之子葛长生、宋学义之子宋福保认为该文以历史考据、学术研究为幌子,以细节否定英雄,企图达到抹黑"狼牙山五壮士"英雄形象和名誉的目的。据此,葛长生、宋福保诉至法院,请求判令洪振快停止侵权、公开道歉、消除影响。洪振快认为,其所发表的文章是学术文章,进行历史研究的目的是探求历史真相,行使的是宪法赋予公民的思想自由、学术自由、言论自由权利,任何人无权剥夺。那么,是不是因为学术自由就可以发表任何的观点呢?需要指出的是,文化权利是宪法赋予公民的权利,但是公民在开展学术自由、言论自由时不能侵害他人合法权益、社会公共利益和国家利益,这是现代法治的基础。

(二)受教育权

所谓受教育权,是指公民享有从国家接受文化教育的机会和获得受教育的物质帮助的权利。受教育权是指公民所享有的并由国家保障实现的接受教育的权利,其内容包括受教育机会权、受教育条件权和公正评价权三个方面。

2002年,上海松江曾建立了"全国第一家全日制私塾"——孟母堂,当时,家长反响很好,有很多家长把孩子送到孟母堂接受教育,但随后被教委叫停。因为,这与《义务教育法》的精神相违背,中华传统文化的教育不能与入学接受义务教育相抵触。教育具有系统性和规律性,我国实行的是九年制义务教育,首先就要求适龄儿童前往教育机构批准设立的学校接受统一的教材、统一的教育、统一的教学。家长让孩子选择孟母堂,也许出发点是善意,但未来会面临与升学有关的一系列问题,家长的行为实际上剥夺了适龄儿童的受教育的机会、条件和公正评价权利。

【案例】

宪法第一案:齐玉苓受教育权案

1990年,山东省滕州市第八中学的初中学生齐玉苓和陈晓琪参加了中等专科学校的预选考试。陈晓琪落榜,齐玉苓则通过了预选考试。山东省济宁市商业学校托滕州八中交给齐玉苓发出的录取通知时,同村党支书陈克政利用其和滕州八中、济宁市商业学校和山东省滕州市教育委员会的关系,让其女陈晓琪顶替齐玉苓进入济宁市商业学校学习。1993年,陈晓琪又以齐玉苓的名义进入中国银行工作。1998年,齐玉苓偶然发现了陈晓琪的冒名顶替之事。1999年齐玉苓以受教育权受侵犯诉至法院,一审法院认为证据不足,以侵犯齐玉苓名誉权判决。

齐玉苓不服上诉至山东省高院,山东省高院随后请示最高人民法院,最高人民法院法释(2001)25号司法解释批复:根据本案事实,陈晓琪等以侵犯姓名权的手段,侵犯了齐玉苓依据宪法规定所享有的受教育的基本权利,并造成了具体的损害后果,应承担相应的民事责任,山东省高院依据批复做出判决:认定齐玉苓姓名权受到侵犯;认定齐玉苓受教育权受到侵犯,并获得经济赔偿48 045元和精神损害赔偿50 000元。这是我国第一个也是唯一一个直接援引宪法中的受教育权规则进行裁判的案件。在齐玉苓案件以后,冒名顶替上大学侵权案件中,不再援引宪法中的受教育权,而是直接侵害了名誉权。

第四十三讲
法律义务的概念

一、法律义务的概念

法律义务是指反映一定的社会物质生活条件所制约的社会责任,是保障法律所规定的义务人应该按照权利人要求从事一定行为或不行为以满足权利人利益的法律手段。只有承担法律义务的人履行法律义务,享有法律权利的人才能实现自己的合法权益。法律义务的履行表现为两种形式:一种是作为,是指义务人实施积极的行为。如,子女有赡养父母的义务,也就是说子女通过精神和物质方面的积极行为,赡养父母;同样,父母有抚养未成年子女的义务,即父母通过提供教育、精神、物质上帮助未成年子女成长。另一种是不作为,是指义务人不得实施某种行为,即法律命令禁止实施某种行为,行为人应该克制自己的行为。如,未经许可不得公开他人的隐私等。法律义务具有法定的强制性,违反法律义务必须承担法律责任。

二、法律义务的特点

法律义务具有以下四个特点:第一,法律义务是历史的。法律义务的内容和履行方式随着经济社会的发展和人权保障的进步而不断调整和变化。比如随着我国经济社会的发展,国家免除了农民缴纳土地税的义务;随着国民收入的提高,国家逐步调整个人所得税的起征标准,从800元提高到

5 000元,此外专项附加扣除后,才开始起征。所以,有一部分纳税人可以免除纳税义务。

第二,法律义务源于现实需要。一个国家或地区的制度性质、历史传统、文化背景、宗教信仰和安全形势等因素,会对法律义务的设定产生重要影响。比如,随着智能化的发展,利用高科技和互联网偷题、销售传播试题和答案的行为很难被发现,考试作弊行为呈现团伙化、产业化的特征,形成了制售作弊器材、考试前或考试中偷题、雇用枪手做题以及销售传播试题和答案等的"一条龙"考试作弊产业链。《刑法》修正案九将考试作弊、组织作弊、帮助作弊等行为纳入刑罚的范围。

第三,法律义务必须依法设定。因为法律义务让行为人负担,所以必须要依法设定。包括两方面,一方面是义务的设定必须有法律依据,另一方面是法定的义务应当履行,否则会承担不利的法律后果。比如,我国刑法有一个法律溯及力的问题,采用从旧兼从轻原则,即原则上适用旧法,新法没有溯及力,但新法不认为是犯罪或者处刑较轻时,则按照新法处理。之所以这么规定,是与我国刑法的罪刑法定原则相适应的,从罪刑法定原则中必然引申出刑法不溯及既往的派生原则。但是从有利于被告的角度,我国刑法规定从旧兼从轻原则。

第四,法律义务可能发生变化。法律义务可能因一些情形的出现而转化、派生或消灭。公民和社会组织承担的法律义务,在履行的过程中可能会因一些特殊情形的出现而出现转化、派生或免除。比如,在借贷关系中,由于时效原因,债权人可能丧失胜诉权。那么,债务人原来承担的强制归还义务就会转化为自愿归还。

三、法律权利与法律义务关系

现代社会,法律权利与法律义务的关系,就像一枚硬币的两面,不可分割,相互依存。法律权利和法律义务在结构上具有相关关系、数量上具有等值关系、功能上具有互补关系、价值上具有主次关系。在社会生活中,每个人既是享受法律权利的主体,又是承担法律义务的主体。在法治国家中,不存在只享受权利的主体,也不存在只承担义务的主体。

首先,法律权利和法律义务是相互依存的关系,法律权利的实现必须以相应法律义务的履行为条件。如只有开发商履行交房义务,购房人才能行使房主的权利;同样,法律义务的设定和履行也必须以法律权利的行使为根据,不存在没有权利根据的法律义务,如债务人的还款义务,来自其先前取得权利人财物的行为。其次,法律权利与法律义务是目的与手段的关系。离开了法律权利,法律义务就失去了履行的价值和动力;离开了法律义务,法律权利也形同虚设。最后,有些法律权利和法律义务具有复合性的关系,即一个行为可以同时是权利行为和义务行为。如劳动的权利和义务、接受义务教育的权利和义务。

第四十四讲
公民应履行的基本法律义务

我国宪法规定了公民的基本义务。具体包括:维护国家统一和全国各民族团结的义务;遵守宪法和法律,保守国家秘密、爱护公共财产、遵守劳动纪律、遵守公共秩序、尊重社会公德的义务;维护祖国安全、荣誉和利益的义务;保卫祖国、抵抗侵略和依法服兵役、参加民兵组织的义务;依法纳税的义务。

一、维护国家统一和民族团结

维护国家统一是整个社会共同体存在和发展的基础,也是以宪法为核心的整个法律制度存在的基础。同时,国家统一也是公民实现法律权利与自由的前提。宪法和相关法律规定,禁止对任何民族的歧视和压迫,禁止破坏民族团结和制造民族分裂的行为;一切破坏民族团结和制造民族分裂的行为都将受到法律的追究。如《反分裂国家法》明确规定,维护国家主权和领土完整是包括台湾同胞在内的全中国人民的共同义务。当代大学生应自觉同破坏国家统一、威胁国家公共安全的行为做坚决斗争。对于维护和促进民族团结,大学生可以进行以下几方面的努力:尊重少数民族的风俗与文化习惯;参与乃至帮助不发达地区少数民族进行政治经济文化等方面的建设与发展;同一切危害民族团结的言论与行为做斗争;做有利于促进各民族文化交流的事。

【案例】

万豪酒店竟然将港澳台和西藏列为"国家",还不止一次!

2018年1月9日,万豪酒店集团在其会员邮件和手机应用软件注册页面时,不但将"中国大陆""香港""澳门""台湾"分别列出,甚至将"西藏"单独列在了"国家"栏中。外交部发言人陆慷指出,我相信大家都已经注意到有关情况。你可能也注意到了,中方有关部门已经对此做出了处理,你所提到的这家企业负责人也已公开致歉。我想强调,香港、澳门、台湾、西藏都是中国的一部分,这是客观事实,也是国际社会的共识。维护国家统一、主权和领土完整、维护各民族团结是每一位中国公民应尽的义务,时刻不能放松与懈怠。

二、遵守宪法和法律

我国宪法规定了公民遵守宪法和法律的义务,还规定了若干具体义务,包括:(1)保守国家秘密。国家秘密是指涉及国家的安全与利益,尚未公开或不准公开的政治、经济、军事、公安、司法等秘密事项以及应当保密的文件、资料等。违反我国保守国家秘密法的规定,故意或过失泄露国家秘密,构成犯罪的,按照刑法有关规定追究刑事责任;泄露国家秘密,不够刑事处罚的,可以酌情给予行政处分。(2)爱护公共财产。公共财产是指全民所有财产和劳动群众集体所有财产。社会主义的公共财产神圣不可侵犯,禁止任何组织或者个人用任何手段侵占或者破坏国家和集体的财产。(3)遵守劳动纪律。劳动者在从事社会生产和工作时,必须遵守和执行劳动规则及其工作程序,维护劳动秩序。(4)遵守公共秩序。公共秩序包括社会秩序、生产秩序、教学科研秩序等。每位公民必须维护公共秩序,并同一切违反公共秩序的行为做斗争。(5)尊重社会公德。就是要尊重在社会交往和公共生活中应当遵守的道德标准和法律标准。这里谈两个案例,一个是保守国家秘密,另一个是遵守公共秩序。

【案例】

力拓窃密案

在中外进出口铁矿石谈判期间,澳大利亚力拓公司驻上海办事处首席代表胡士泰及该办事处人员刘才魁等四人,采取不正当手段,通过拉拢收买中国钢铁生产单位内部人员,刺探窃取了中国国家秘密,对中国国家经济安全和利益造成重大损害。2009年7月9日,澳大利亚力拓集团上海办事处的4名员工因涉嫌窃取中国国家秘密而被拘留。这起案件,最初定性为涉及国家秘密的刑事案件,也就是说属于危害国家安全罪。2009年8月11日,胡士泰等四人被正式批捕时的罪名降格为"涉嫌侵犯商业秘密罪和非国家工作人员受贿罪"。2010年3月29日,上海市第一中级人民法院对力拓案做出一审判决,判决胡士泰、王勇、葛民强、刘才魁四人犯非国家工作人员受贿罪、侵犯商业秘密罪,分别判处有期徒刑十四年到七年不等。国际铁矿石市场已经形成了供需双方直接对垒的两大阵营,谈判筹码是中国企业在铁矿石价格谈判过程中最重要的因素,这则案件告诉我们保守国家机密非常重要,涉及经济命脉、国家安全。不要为了一己私利,而损害了十四亿人的共同利益。

【案例】

八达岭野生动物园老虎伤人事件

北京八达岭野生动物园老虎伤人事件,引起了媒体的广泛关注。2016年7月23日,涉事人赵某不予理会园区相关管理人员和其他游客的警示,未遵守八达岭野生动物世界猛兽区严禁下车的规定,擅自下车,导致其被虎攻击受伤。赵某的母亲见女儿被虎拖走后，救女心切，也擅自下车，由于施救措施不当，导致其被虎攻击死亡。从这起典型案件中，无论赵某如何追究责任，已经为时已晚，逝去的生命无法挽回；如果赵某一家遵守动物园的管理秩序，不随意下车，悲剧则不会发生。

三、维护祖国安全、荣誉和利益

祖国安全是指国家的领土完整和主权不受侵犯，国家政权不受威胁。祖国安全是国家政权稳定和公民依法行使权利与自由的根本保障。维护祖国荣誉是指国家的声誉和尊严不受损害，对有辱祖国荣誉、损害祖国利益的行为给予法律制裁。祖国利益通常分为对外和对内两个方面。对外主要是指民族的政治、经济、文化等方面的权利和利益；对内主要是指公共利益。公民在享受宪法法律规定的权利与自由的同时，必须自觉地维护祖国利益，正确处理国家、集体与个人利益之间的相互关系，不得有危害祖国安全、荣誉和利益的行为，并同损害祖国利益的行为做斗争。

四、依法服兵役

我国公民都有义务依法服兵役。我国兵役法规定，每年12月31日以前年满18周岁的男性公民，应当被征集服现役。我国兵役法对服兵役的主体作了限制性规定：依法被剥夺政治权利的人没有服兵役的资格；应征公民被羁押，正在受侦查、起诉、审判的，或者被判处徒刑、拘役、管制正在服刑的，不征集；应征公民是维持家庭生活的唯一劳动力或者正在全日制学校就学的学生的，可以缓征。有服兵役义务的公民拒绝、逃避兵役登记的，应征公民拒绝、逃避征集的，预备役人员拒绝、逃避军事训练和执行军事勤务，经责令限期改正后仍逾期不改的，基层人民政府应当强制其履行服兵役的义务。

【案例】

拒服兵役后果很严重

应征青年王某,浙江人,2017年9月13日应征入伍。但王某到部队后,怕苦怕累、不愿受部队纪律约束,以种种理由逃避服兵役。县人武部、街道武装部工作人员及其亲属先后多次前往其所在部队耐心谈话、教育引导做工作,收效甚微。王某坚决拒绝继续留队服现役,2017年12月4日被部队退回原籍。王某的行为,在部队造成了极其恶劣的影响,当然,他也为其行为付出了沉重的代价。根据《中华人民共和国兵役法》《浙江省征兵工作条例》的相关规定,对王某逃避、拒绝服兵役的行为,处以人民币3.5万元罚款;两年内不得录用为国家公务员、国有企业和事业单位职工;两年内公安机关不得为其办理出国(境)手续,其户籍信息系统"兵役状况"栏注明为"拒服兵役";教育部门不得为其办理复学。

五、依法纳税

在现代社会中,税收是国家财政收入的主要来源,纳税是公民应该履行的一项基本义务。根据我国个人所得税法的规定,在中国境内有住所,或者无住所而在境内居住满一年的个人,从中国境内和境外取得的所得,依法缴纳个人所得税。自觉纳税是爱国行为,偷税等行为是违法的、可耻的。纳税人既要有自觉纳税的义务,也要有监督税务机关的执法行为、关心国家对税收的使用、维护自己的合法权益的意识。

【案例】

从范冰冰逃税看阴阳合同

2018年,崔永元通过媒体举报范冰冰逃税,经税务机关查实,范冰冰在一部电影摄制过程中,以拆分合同的方式偷逃个人所得税 618 万元,少缴营业税及附加 112 万元。此外,其担任法定代表人的企业少缴税款 2.48 亿元,其中偷逃税款 1.34 亿元。税务机关依法对范冰冰及其担任法人代表的企业做出相应的追缴和处罚决定。

范冰冰之所以能够逃税,是通过阴阳合同的方式实现的。在现实生活中,大量存在类似的阴阳合同,这是一种违法行为。不仅损害了正常的国家税收制度;自己也可能存在极大的诉讼风险,可能会造成更大损失。维护国家税收制度,依法纳税,才是公民的正确做法。

第四十五讲
法律责任

公民未能依法履行义务,根据情节轻重,应当承担相应的法律责任。法律责任按照类型可以分为民事责任、行政责任和刑事责任,其对行为人的处罚强度是由弱到强的。

一、民事责任

民事责任是指由于违反民事法律规定、违约或者由于民法规定所应承担的一种法律责任。民事责任主要是财产责任,也可以是以人身、行为、人格等为责任承担内容的非财产责任;民事责任主要是一方当事人对另一方的责任;民事责任主要是补偿性的。在法律允许的条件下,民事责任可由当事人协商解决。

民事责任种类有:停止侵害、排除妨碍、消除危险、返还财产、恢复原状、修理更换、重作、赔偿损失、支付违约金、消除影响、恢复名誉、赔礼道歉。

【案例】

"叫个鸭子"违法了吗?

2014年10月26日,"叫个鸭子"实体店在北京举行开业活动。开业不到一个月,运营主体北京味美曲香餐饮管理有限公司向商标局提交了"叫个鸭子"的商标注册申请,申请类别包括食品、饮料等数十种。但商标局以"该商标格调不高,易产生不良社会影响"为由,将该商标驳回。随后,北京味美曲香向商评委递交复审申请也被驳回。北京味美曲香遂向北京知识产权法院提交了"叫个鸭子文字及鸭子卡通图形"的商标诉讼申请。本案的争议焦点在于"叫个鸭子"是否违反了公序良俗。

一审法院认为,"鸭子"包含两重含义:(1)家禽;(2)非主流文化中的"男性性工作者"。诉争商标用在"酒吧服务、住所代理(旅馆、供膳寄宿处)"等服务上,尤其是诉争商标文字由谓语动词组成"叫个+鸭子"短语,会引起歧义。原告不服,提出上诉。二审法院认为,从整体上看,诉争商标由文字"叫个鸭子"、鸭子卡通图形和图案背景共同构成,并不能从"叫个鸭子"的文字中解读出超出其字面本身的其他含义。故判决撤销一审判决和被诉裁定,判令商标评审委员会重新做出决定。

但是这次国家行政管理总局商标评审委员会不服了,向最高人民法院申请再审。最高人民法院认为,根据《最高人民法院关于审理商标授权确权行政案件若干问题的规定》第五条第一款规定,商标标志或者其构成要素可能对我国社会公共利益和公共秩序产生消极、负面影响的,人民法院可以认定其属于《商标法》第十条第一款第八项规定的"其他不良影响"。最高法院认为,国家行政管理总局商标评审委员会决定和一审判决从维护社会主义道德风尚弘扬社会主义核心价值观的角度出发,对诉争商标进行严格审查并无不当,支持了一审判决。

公序良俗是我国民法的基本原则。在《民法典》第八条、第十条、第一百四十三条第三项、第一百五十三条第二款均有不得违背公序良俗,违背公序良俗民事法律行为无效的规定。所谓公序,是社会一般利益,包括国家利益、社会经济秩序与社会公共利益。所谓良俗,是一般道德观念或良好道德风尚,包括社会公德、商业道德和社会良好风尚。作为民法的一项基本原则,以违反公序良俗作为判决案件的依据,也有逐渐增多趋势。以商标注册为例,除了"叫个鸭子""招只鸡来""叫个鸡来"这些采用意义低俗、有伤社会风化的不良商业标识外,还有利用大众知晓的一般成语改为谐音进行抢注,追究其他商业主体商标侵权,滥用诉讼权利的案例,这些行为实际上都违背了经营者应当守法的竞争原则,应当予以禁止。

【案例】

当女主播从美女变成"老奶奶"时,刷的礼物钱能要回来吗?

前一段时间出现这么一则案例。直播圈有一位名叫"乔碧罗殿下"的主播非常火,圈粉无数,但她从不在直播的时候以真面目现身。但是一次偶然的直播事故,"乔碧罗殿下"现了真颜,这下网友可炸锅了,美女主播变成了老奶奶女主播,网友觉得自己被欺骗了,网友打赏的那些真金白银还可以要回来吗?这里要分析两个问题,是否必须要打赏?打赏行为是什么性质?

其一,打赏是不是观看直播的必需条件。一般而言,直播有两种目的,获得流量与收入,但是收入获得可以通过点击流量获得,当然有打赏那更好,可以额外获得一份收入。所以,打赏不是观看直播的必要条件。

其二,打赏行为的性质。既然是"赏",那就是赠与。我国《合同法》第一百八十五条规定,赠与合同是赠与人将自己的财产无偿给予受赠人,受赠人表示接受赠与的合同。那么打赏可以撤销吗?根据《合同法》第一百九十二条规定的赠与的法定撤销:(一)严重侵害赠与人或者赠与人的近亲属;(二)对赠与人有扶养义务而不履行;(三)不履行赠与合同约定的义务。这些都不适用于网友的撤销行为。那么真的没有希望了吗?根据《合同法》第四十五条的规定,因重大误解订立的合同,当事人一方有权请求人民法院或者仲裁机构变更或者撤销,所以网友们想要撤销赠与合同,可以以重大误解为由申请法院撤销赠与合同。这个案例提醒我们,打赏有风险,打赏需谨慎。

二、行政责任

行政责任是指因违反行政法或因行政法规定而应承担的责任。对行政违法者的制裁包括行政处罚和行政处分。行政处罚是由国家行政机关对违反行政法律规定的行政相对人所实施的法律制裁;而行政处分是指国家行政机关对违反法律规定的行政人员所实施的法律制裁。

行政主体承担行政责任的具体方式有:(1)通报批评;(2)赔礼道歉,承认错误;(3)恢复名誉,消除影响;(4)返还权益;(5)恢复原状;(6)停止违法行为;(7)履行职务;(8)撤销违法的行政行为;(9)纠正不适当的行政行为;(10)行政赔偿等。

行政相对人承担行政责任的具体方式有:(1)承认错误,赔礼道歉;(2)接受行政处罚;(3)履行法定义务;(4)恢复原状,返还财产;(5)赔偿损失等。此外,外国人及外国组织在我国境内活动时,属于我国行政管理相对方,如违反了我国行政管理义务也要承担行政责任。外国人承担行政责任的特殊方式还有限期离境、驱逐出境、禁止离境等。

【案例】

何小强诉华中科技大学拒绝授予学位案

何小强是华中科技大学武昌分校(以下简称武昌分校)2003级通信工程专业的本科毕业生,武昌分校是独立的事业单位法人,但是不具备学位授予资格。2007年6月30日,何小强获得武昌分校颁发的《普通高等学校毕业证书》,但学位必须由华中科技大学授予。因为其本科学习期间未通过全国英语四级考试,根据《华中科技大学武昌分校授予本科毕业生学士学位实施细则》第二条"凡具有我校学籍的本科毕业生,符合本《实施细则》中授予条件者,均可向华中科技大学学位评定委员会申请授予学士学位",第三条"……达到下述水平和要求,经学术评定委员会审核通过者,可授予学士学位。……(三)通过全国大学英语四级统考"之规定,华中科技大学不授予何小强学士学位。遂何小强诉武汉科技大学要求颁发学士学位。

本案争议的焦点在于被告制定的《华中科技大学武昌分校授予本科毕业生学士学位实施细则》关于大学英语四级通过是颁发学位的条件,是否违反了上位法规定。根据《中华人民共和国学位条例》之规定,"高等学校本科毕业生,成绩优良,达到下述学术水平者,授予学士学位……"《中华人民共和国学位条例暂行实施办法》第二十五条规定:"学位授予单位可根据本暂行条例实施办法,制定本单位授予学位的工作细则。"那么,通过大学英语四级到底属于强制性规定还是学术自治范畴。法院认为这是高等学校依法行使教学自主权,自行对其所培养的本科生教育质量和学术水平做出具体的规定和要求,是对授予学士学位的标准的细化,没有违反《中华人民共和国学位条例》第四条和《中华人民共和国学位条例暂行实施办法》第二十五条的原则性规定,驳回了何小强的诉讼请求。

三、刑事责任

刑事责任指行为人因其犯罪行为所必须承担的由国家司法机关代表国家依法所确定的否定性法律后果。即行为人实施刑事法律禁止的行为所必须承担的法律后果,负刑事责任意味着应受刑罚处罚。根据我国刑法的规定,刑事处罚包括主刑和附加刑两部分。主刑包括管制、拘役、有期徒刑、无期徒刑和死刑;附加刑包括罚金、剥夺政治权利和没收财产。

【案例】

高空坠物案

2019年8月1日,蒋某因家庭矛盾,通过开锁人员撬开其父母位于上海市闵行区某某路住宅房门,持棒球棍对家中物品进行打砸。后蒋某又将手机、平板电脑、水果刀等物从14楼扔出窗外,砸落在小区公共道路及楼下停放的三辆轿车上,严重影响公共安全。8月16日,蒋某因涉嫌以危险方法危害公共安全罪被闵行区人民检察院批准逮捕,11月7日,闵行区检察院向闵行区法院提起公诉。11月25日,该案在闵行区法院公开审理,蒋某被判处有期徒刑1年。

《侵权责任法》第八十五条、第八十七条对高空坠物做出了规定,但是仅停留在民法层面,且高空坠物举证比较困难。近年,高空抛物、坠物的事件屡屡发生,据最高人民法院统计,2016至2018年这3年,全国法院审结的高空抛物、坠物的民事案件有1 200多件,这1 200多件中有近三成因为高空抛物、坠物导致了人身损害;受理的刑事案件是31件,31件里有一半多造成了被害人的死亡。2018年3月9日,出生仅3个多月的婴儿被高空坠落的苹果砸伤头部后昏迷,一审判决肇事女孩监护人赔偿185万余元。这些隐患将严重危害公共安全,侵害人民群众合法权益,影响社会和谐稳定。"头顶的安全"如何保障?2019年11月14日,最高法发布《关于依法妥善审理高空抛物、坠物案件的意见》明确规定,故意从高空抛弃物品,尚未造成严重后果,但足以危害公共安全的,依照《刑法》第一百一十四条的规定以危险方法危害公共安全罪定罪处罚;致人重伤、死亡或者使公私财产遭受重大损失的,依照《刑法》第一百一十五条第一款的规定处罚。为伤害、杀害特定人员实施上述行为的,依照故意伤害罪、故意杀人罪定罪处罚。过失导致物品从高空坠落,致人死亡、重伤,符合《刑法》第二百三十三条、第二百三十五条规定的,依照过失致人死亡罪、过失致人重伤罪定罪处罚。在生产、作业中违反有关安全管理规定,从高空坠落物品,发生重大伤亡事故或者造成其他严重后果的,依照《刑法》第一百三十四条第一款的规定,以重大责任事故罪定罪处罚。

参考文献

1. 宣天:《皋陶造狱与獬豸神判》,中国法院网,2018年6月13日。
2. 乔瑞:《以科学辨析把握社会主义自由观》,《人民日报·学苑论衡》,2015年5月18日。
3. 何兆武:《天赋人权与人赋人权》,《爱思想》,2019年7月23日。
4. 胡业勋:《扩大地方立法权提升治理水平》,《光明理论》,2018年4月5日。
5. 张湘忆:《新中国第一部宪法的诞生:毛泽东领导起草1.5亿人参与讨论》,人民网,2014年12月4日。
6. 陈锡文:《农村土地承包法有这些重大修改,给大伙吃下"定心丸"!》,《甘肃农民报》,2019年3月14日。
7. 保罗、蓝国华:《废除旧西藏政教合一的封建农奴制度是历史必然》,中国西藏网,2019年3月14日。
8. 姚浩然:《西藏:50年发展铸辉煌》,中国西藏网,2015年8月12日。
9. 《2019年西藏城乡居民收入增速均位列全国第一》,澎湃新闻,2020年1月23日。
10. 王研:《"云南绿孔雀"公益诉讼案一审宣判:立即停止水电站建设》,新华网,2020年3月20日。
11. 刘松山:《地方性法规与政府规章的权限界分》,中国宪治网,2015年11月9日。
12. 徐瑞哲:《步入"环境宪法"时代,环境立法超全国总量1/10,大数据让环境治理变"智理"》,2018年11月15日。
13. 《南京拟立法明确"精日"行为的法律责任:三种典型行为将被追责!》,搜狐网,2018年8月23日。
14. 《北大博士于艳茹诉北京大学撤销博士学位决定案》,中国法院网,2018年1月3日。
15. 《湖北口罩进价6毛药店卖1元被罚4万,网友:定价良心执法不合理》,搜狐网,

2020年2月17日。

16.《田永诉北京科技大学拒绝颁发毕业证、学位证案》,中国法院网,2014年12月26日。

17. 金泽刚:《于海明案:正当防卫制度正在落地生根》,《新京报》,2018年9月13日。

18.《检方:于海明属正当防卫 公安机关撤案处理符合法律规定》,《人民日报》,2018年9月11日。

19. 卢永春:《透视网络舆论场"舆论干预司法"纷争》,人民网,2013年9月24日。

20. 王烨捷:《上海迪士尼禁止自带饮食,被华政大学生告了》,《中国青年报》,2019年9月22日。

21. 高民权、万一:《中国特色社会主义法律体系的提出和形成》改编,中国人大网,2010年12月29日。

22. 乔木文化夜谈:《宪法是国家的根本大法,关于其定义,看看祖先造甲骨文时的解释》,《百家号》,2018年3月19日。

23. 张静、万宏蕾:《宪法修订与时俱进(附1982年以来历次宪法修改梳理)》,搜狐网,2018年2月3日。

24. 王晨:《关于〈中华人民共和国宪法修正案(草案)〉的说明》(摘要),《人民日报(海外版)》,2018年3月7日。

25. 丁仲礼:《全面理解中国共产党领导是中国特色社会主义最本质的特征》,《光明日报》,2018年6月13日。

26. 丁国强:《全面依法治国 实现良法善治》,《人民法院报》,2015年4月3日。

27.《习近平在英首提"中华法制"意义非凡》,《学习中国》,2015年10月22日。

28. 戴建华:《法治应当是良法与善治的结合》,《学习时报》,2019年9月18日。

29. 姜明安:《西方宪政模式存在诸多弊端》,人民网—人民论坛,2014年1月28日。

30.《国家人权行动计划(2009—2010年)》,中央政府门户网站,2009年4月13日。

31.《国家人权行动计划(2012—2015年)》,国务院新闻办公室网站,2012年6月11日。

32.《国家人权行动计划(2016—2020年)》(全文),国务院新闻办公室网站,2016年9月29日。

33.《中共中央关于全面推进依法治国若干重大问题的决定》,中央政府门户网站,2014年10月28日。

34.《中共中央关于全面深化改革若干重大问题的决定》,新华社,2013年11月15日。

35. 石希:《民族区域自治制度是我国的一项重要政治制度》,人民网。

36. 彭海红:《基层群众自治制度体现人民民主实质》,求是网,2018年10月26日。

37. 王金雪、常雪梅:《党的十八大以来有关"法治"的重要表述》,人民网,2013年12月4日。

38.《从"人治"到"法治"》,正义网,2018年12月18日。

39. 张文显:《十七大报告的法学解读:一篇精辟的法治报告》,中国网,2007年10月17日。

40. 姜小川:《十九大报告中依法治国的新看点》,央广网,2019年8月12日。

41.《十八届四中全会提出全面推进依法治国的总目标和重大任务》,新华网,2014年10月23日。

42.《胡锦涛十八大报告》,中国网,2012年11月20日。

43. 郭长江:《战疫情为何要用"法治思维"》,央广网,2020年2月6日。

44. 徐昕:《废除劳教是中国法治前进的一大步》,《东方早报》,2013年12月30日。

45. 李适时:《形成完备的法律规范体系》,求是网,2015年1月15日。

46.《甘肃各级人大为疫情防控提供法治保障》,《甘肃日报》,2020年4月14日。

47.《新〈农村土地承包法〉亮点"多多"! 条条保障了老百姓的权益!》,搜狐网,2019年1月3日。

48. 张蔚然、梁晓辉、张子扬:《中国修改农村土地承包法"三权分置"实现法制化》,中国新闻网,2018年12月29日。

49. 宋志红:《宅基地"三权分置"的法律内涵和制度设计》,《爱思想》,2018年9月18日。

50.《宅基地"三权分置"打破"人地捆绑"》,搜狐网,2018年2月8日。

51.《废除农业税》,新华网,2019年11月14日。

52.《中共中央关于坚持和完善中国特色社会主义制度 推进国家治理体系和治理能力现代化若干重大问题的决定》,新华社,2019年11月5日。

53.《非禁即入！我国全面实施市场准入负面清单制度》，新华社，2018年12月25日。

54. 赵正群：《十部白皮书 人权保障路》，《人民日报（海外版）》，2013年5月16日。

55.《最高法发布人民法院"五五改革纲要"65项举措深化司法体制综合配套改革》，人民网，2019年2月28日。

56. 蒲晓磊：《普法为改革开放提供坚实法治保障》摘编，《法制日报》，2018年9月3日。

57. 高语阳：《75字宪法宣誓誓词是如何产生的》，中国新闻网，2018年3月17日。

58. 肖阳：《65字宪法宣誓誓词"含金量"有多高》，新华网，2015年6月26日。

59. 邓思清：《捕诉合一是中国司法体制下的合理选择》，《检察日报》，2018年6月6日。

60.《李健雄诉广东省交通运输厅政府信息公开案》，《人民法院报》，2014年1月29日。

61. 徐隽：《司法大数据 让公平正义看得见》，《人民日报》，2018年5月3日。

62. 李许坚：《"官场商业奇才"、车管业务"临时工"……5个案例读懂监察对象全覆盖》，中央纪委国家监委网，2018年9月26日。

63.《习近平论法治：党大还是法大是伪命题是政治陷阱》，中国共产党新闻网，2015年5月11日。

64. 付子堂：《党内法规与国家法律的关系》，《红旗文摘》，2015年11月4日。

65. 施新州：《完善党内法规体系建设的两个重要支点》，中国社会科学网，2016年12月9日。

66. 宋功德：《全方位推进党内法规制度体系建设》，人民网，2018年9月27日。

67. 张东明：《党规是怎样炼成的》，人民网，2016年6月23日。

68. 王伟国：《加快形成完善的党内法规体系》，求是网，2019年12月27日。

69. 乔子轩：《"不让座可拒服务"，实不可行》，《人民法院报》，2013年9月29日。

70. 万其刚：《论科学立法及其实现》，中国人大网，2015年4月22日。

71. 向阳：《夫妻在家看黄碟就是不违法》，南方网，2003年1月14日。

72.《夫妻家中看黄碟事件：公民权利终于得到保护》，新浪网，2003年1月5日。

73.《湖北孝感一家三口打麻将被志愿者打砸 志愿者如矫枉过正涉嫌违法也应被追

究》,搜狐网,2020年2月16日。

74.《余金平案一二审判决全文及争议观点合集》,搜狐网,2020年4月19日。

75.《"私自上树摘杨梅坠亡案"再审改判村委会无责:法律应是公序良俗的"兜底条款"》,最高人民法院网,2020年2月28日。

76.涂铭:《冰面遛狗溺亡索赔 法院判决"不和稀泥"值得点赞》,《新华每日电讯》,2020年4月10日。

77.马忠:《中国特色社会主义法治道路的独特性及内在根据》,《武汉大学学报》,2017年3月。

78.黄继锋、王明哲:《信仰缺失:意识形态领域内苏联解体的促成因素》,《辽宁大学学报(哲学社会科学版)》,2012年第3期。

79.《苏联宪法中最关键一条是谁修改的?戈尔巴乔夫4年做了4件事》,搜狐网,2019年7月13日。

80.《坚持党的领导人民当家作主依法治国有机统一》,《解放军报》,2018年1月22日。

81.宋诚:《我国依宪治国与西方宪政的本质区别》,《红旗文稿》,2018年2月24日。

82.谢鸿飞:《民法典编纂的法治意义》,搜狐网,2017年8月30日。

83.《白皮书:2013年至2017年我国各级法院共依法宣告4 032名被告人无罪》,中国江苏网,2017年12月15日。

84.《新行政诉讼法解释:行政机关负责人不出庭应诉应向法院提交说明》,《南方都市报》,2018年2月7日。

85.《前乒乓国手陈佑铭曾在香港遭强制购物死亡》,《北京晨报》,2015年10月21日。

86.王萍:《关注民生:中国立法新底色》,《中国人大》,2014年9月11日。

87.陆勇:《我能有尊严地活着,就是时代进步最好的证明!》,《长安剑》,2018年10月6日。

88.刘晶瑶:《"法律面前人人平等"还要强调多久》,《新华每日电讯》,2013年7月17日。

89.《罚中国人不罚外国人?南京地铁再回应!》,搜狐网,2019年7月15日。

90.《只有完善的法律援助制度才有"法律面前人人平等"》,新华网,2015年6月29

日。

91. 习近平:《加快建设社会主义法治国家》,人民网,2014年10月23日。

92.《于欢案的"辱母"情节到底怎么回事?》,搜狐网,2017年6月23日。

93.《十年前的南京"彭宇案"今天终于有了真相》,搜狐网,2018年9月16日。

94. 高洁、林苗苗、王丰、孙飞、李放:《民法总则为中国好人"撑腰" 专家解读做好人的"正确姿势"》,新华网,2017年9月27日。

95.《电梯劝烟猝死案二审宣判 劝烟者无责不用赔钱》,澎湃新闻,2018年1月23日。

96.《限制失信被执行人蒋某子女就读高收费私立学校案》,成都法院网,2019年1月15日。

97. 罗培新:《医护人员"集体放弃"抗疫补助?法理事理情理,理理皆输》,澎湃新闻,2020年3月16日。

98. 范明志:《西方"司法独立"为什么在中国走不通》,《求是》,2018年1月15日。

99. 刘云山:《认识中国共产党的几个维度》,人民网,2014年7月10日。

100.《关于"一带一路"的法律问题》,法制网,2018年6月1日。

101. 张姝:《司法为民:马锡五审判方式的精髓》,《光明日报》,2014年8月13日。

102. 张扬:《马锡五审判方式的司法理念在当代的实践价值》,《人民法院报》,2018年12月18日。

103. 周子荣、汪青廉:《浅谈马锡五审判方式对当代民事诉讼的影响》,中国法院网,2008年12月15日。

104. 中共中央办公厅、国务院办公厅印发《关于建立"一带一路"国际商事争端解决机制和机构的意见》,新华社,2018年6月27日。

105.《"合宪性审查"如此重要!首次出现在党的十九大报告中》,央视网,2017年12月4日。

106.《网友建议青岛"新冠高架"改名,官方回应》,《每日商报》,2020年2月29日。

107.《人社局:律师没有调查取证权;法院判决:拒绝律师调查取证违法》,澎湃新闻,2020年1月6日。

108.《许某某诉金华市婺城区人民政府行政强制及行政赔偿案》,中国法院网,2018年1月30日。

109.《北京去年为农民工办讨薪案 16344 件》,《北京日报》客户端,2020 年 4 月 3 日。

110.《为什么要组建中央全面依法治国委员会？看总书记怎么说！》,《求是》,2019 年 2 月 16 日。

111. 毛磊:《从"一人一票"到"一票一值"》,新华社,2009 年 10 月 28 日。

112. 卢金:《浅谈新〈刑事诉讼法〉修正案对人权的保障》摘编,中国法院网,2013 年 8 月 29 日。

113. 霍小光、陈菲、杨维汉、史竞男:《中国行政诉讼法拟大修:官员拒不执行法院判决或被拘留》,新华网,2013 年 12 月 24 日。

114. 罗书臻:《实施立案登记制必须有案必立有诉必理切实保障人民群众诉权》,《人民法院报》,2015 年 5 月 5 日。

115. 薛莎莎、喻琰、汪萌菲、于洋:《母亲带孩子坐火车买 6 张票,合法吗?》,澎湃新闻,2019 年 7 月 26 日。

116.《世卫组织不是美元的跟班！特朗普"不高兴"暴露金主政治本质》,解放网,2020 年 4 月 13 日。

117. 李志勇:《衡阳破坏选举案透视:知耻而后勇 铁腕正风纪》,《中国纪检监察报》,2014 年 8 月 21 日。

118.《张良诉上海市规划和国土资源管理局案》,中国法院网,2014 年 9 月 12 日。

119. 杨金志:《上海对法官夜总会娱乐事件做出严肃处理》,《人民法院报》,2013 年 8 月 7 日。

120.《泰迪将老太"吓成"9 级伤残,狗主赔 20 万》,《人民日报》,2019 年 3 月 3 日。

121.《"北雁云依"诉济南市公安局历下区分局燕山派出所公安行政登记案》,中国法院网,2017 年 11 月 24 日。

122.《因一条朋友圈,网民"姚梦菲"被拘留 10 天》,澎湃新闻,2019 年 6 月 23 日。

123.《拿"买家秀"当宣传照 一淘宝天猫店因侵犯肖像权被判赔偿 1.5 万余元》,澎湃新闻,2020 年 3 月 25 日。

124. 阚文锋:《为要债夫妻非法侵入他人住宅》,人民网,2014 年 8 月 15 日。

125.《山东偷改同学志愿考生被警方采取强制措施》,人民网,2016 年 8 月 4 日。

126.《何小强诉华中科技大学拒绝授予学位案》,人民法院网,2014 年 12 月 26 日。

127. 孙芳华、陈卫锋:《300 万！上海首例知识产权侵权惩罚性赔偿案件一审落槌》,

中国知识产权资讯网,2019年9月11日。

128. 李红梅:《以制度阻断因病致贫返贫》,人民网,2019年9月12日。

129. 王怡:《"中国教科书诉讼第一案"与受教育权》,《爱思想》,2005年8月22日。

130. 牛犇:《"狼牙山五壮士"名誉权纠纷案》,人民法院网,2018年12月13日。

131.《最高法认定违反公序良俗,不能随便"叫个鸭子"了》,搜狐网,2019年5月31日。

132.《我爱的女主播竟是"老奶奶",刷的礼物钱能不能要回来?》,搜狐网,2019年8月2日。

133. 李菁、沙润和:《沪高空抛物入刑首案宣判:被告人从14楼扔刀扔电脑,判一年》,澎湃新闻,2019年11月29日。

134. 桂田田:《官员干预司法将记录在案 致冤假错案追刑责》,《北京青年报》,2018年5月10日。

135. 乔新生:《力拓窃密案带来怎样的启示》,中国江西网,2009年7月11日。

136. 陶宁宁:《万豪酒店竟然将港澳台和西藏列为"国家"》,澎湃新闻,2018年1月10日。

137.《法学教授:念斌案判决书有理有据 经得起时间检验》,《新京报》,2014年12月2日。

138.《中国与世界贸易组织》,新华社,2018年6月28日。

139.《思想道德修养与法律基础》,高等教育出版社2018年版。

140. 习近平:《习近平谈治国理政》,外文出版社2014年版。

141. 何勤华主编:《外国法律制度史》,法律出版社2001年版。

142. 王立民主编:《中国法制史》,上海人民出版社2007年版。